2020
O ANO QUE MUDOU O MUNDO

Alice Bianchini • Álvaro Dias •
Ana Claudia Pompeu Torezan Andreucci • Charles Martins •
Cristiano Sobral • Eduardo Corrêa • Eva Evangelista •
Felipe Souza • Fernanda Tartuce • Fernando Capez •
Frederico Afonso Izidoro • Gabriel Quintanilha •
Guilherme Madeira Dezem • Hebert Vieira Durães •
Henderson Fürst • Isabelli Gravatá • Lara Rocha Garcia •
Marcelo Hugo da Rocha • Mariângela Tomé Lopes •
Marilene Matos • Natália Intasqui • Otavio Torres Calvet •
Paulo Henrique Martins de Sousa •
Rodrigo Francisconi Costa Pardal •
Rodrigo Janot Monteiro de Barros • Sérgio Turra Sobrane •
Wellington Cabral Saraiva • William Douglas • Zenice Mota •

2020

O ANO QUE MUDOU O MUNDO

CASA DO DIREITO

Copyright © 2021 by Editora Letramento
Copyright © 2021 by Marcelo Hugo da Rocha

Diretor Editorial | Gustavo Abreu
Diretor Administrativo | Júnior Gaudereto
Diretor Financeiro | Cláudio Macedo
Logística | Vinícius Santiago
Comunicação e Marketing | Giulia Staar
Assistente Editorial | Matteos Moreno e Sarah Júlia Guerra
Designer Editorial | Gustavo Zeferino e Luís Otávio Ferreira

Conselho Editorial | Alessandra Mara de Freitas Silva; Alexandre Morais da Rosa; Bruno Miragem; Carlos María Cárcova; Cássio Augusto de Barros Brant; Cristian Kiefer da Silva; Cristiane Dupret; Edson Nakata Jr; Georges Abboud; Henderson Fürst; Henrique Garbellini Carnio; Henrique Júdice Magalhães; Leonardo Isaac Yarochewsky; Lucas Moraes Martins; Luiz Fernando do Vale de Almeida Guilherme; Nuno Miguel Branco de Sá Viana Rebelo; Renata de Lima Rodrigues; Rubens Casara; Salah H. Khaled Jr; Willis Santiago Guerra Filho.

Todos os direitos reservados.
Não é permitida a reprodução desta obra sem aprovação do Grupo Editorial Letramento.

Dados Internacionais de Catalogação na Publicação (CIP) de acordo com ISBD

D658	2020: o ano que mudou o mundo / Alice Bianchini...[et al.] ; organizado por Marcelo Hugo da Rocha. - Belo Horizonte, MG : Casa do Direito, 2021. 166 p. ; 15,5cm x 22,5cm.
	ISBN: 978-65-5932-133-9
	1. Filosofia. 2. Reflexões. 3. Pandemia – Covid 19. 4. Antologia. I. Bianchini, Alice II. Dias, Álvaro III. Andreucci, Ana Claudia Pompeu Torezan. IV. Martins, Charles V. Pinto, Cristiano Vieira Sobral. VI. Silva, Eduardo Corrêa da. VII. Souza, Eva Evangelista de Araújo. VIII. Souza, Felipe. IX. Tartuce, Fernanda. X. Capez, Fernando. XI. Izidoro, Frederico Afonso. XII. Quintanilha, Gabriel. XIII. Dezem, Guilherme Madeira. XIV. Durães, Hebert Vieira. XV. Fürst, Henderson. XVI. Gravatá, Isabelli. XVII. Garcia, Lara Rocha. XVIII. Rocha, Marcelo Hugo da. XIX. Lopes, Mariângela Tomé. XX. Matos, Marilene. XXI. Lopes, Natália Intasqui. XXII. Calvet, Otavio Torres. XXIII. Sousa, Paulo Henrique Martins de. XXIV. Pardal, Rodrigo Francisconi Costa. XXV. Barros, Rodrigo Janot Monteiro de. XXVI. Sobrane, Sérgio Turra. XXVII. Saraiva, Wellington Cabral. XXVIII. Douglas, William. XXIX. Douglas, William. XXX. Cardozo, Zenice Mota. XXX. Título.
	CDD 100
2021-4624	CDU 1

Elaborado por Odilio Hilario Moreira Junior - CRB-8/9949

Índice para catálogo sistemático:
1. Direito 100
2. Direito 1

Belo Horizonte - MG
Rua Magnólia, 1086
Bairro Caiçara
CEP 30770-020
Fone 31 3327-5771
contato@editoraletramento.com.br
editoraletramento.com.br
casadodireito.com

Casa do Direito é o selo jurídico do
Grupo Editorial Letramento

SUMÁRIO

7 PREFÁCIO
William Douglas

12 VIOLÊNCIA CONTRA A MULHER E A PANDEMIA
Alice Bianchini

16 2020: O ANO QUE NÃO TERMINOU
Álvaro Dias

21 2020: O ANO EM QUE CASCÃO LAVOU AS MÃOS
Ana Claudia Pompeu Torezan Andreucci

26 COMO SERÁ O MUNDO PÓS-PANDEMIA?
Charles Martins

32 OS IMPACTOS NO DIREITO PRIVADO EM TEMPOS PANDÊMICOS
Cristiano Vieira Sobral Pinto

40 AINDA HÁ TEMPO
Eduardo Corrêa da Silva

43 TEMPOS INTERESSANTES DE UM LUGAR NO MUNDO
Eva Evangelista de Araújo Souza

48 FILTRO SOLAR
Felipe Souza

52 PERCEPÇÕES SOBRE O CONTEXTO PANDÊMICO DE 2020
Fernanda Tartuce

58 AS RELAÇÕES DE CONSUMO DURANTE A PANDEMIA
Fernando Capez

63 MANTENDO (OU TENTANDO MANTER) A ORDEM PÚBLICA NO CAOS DO CAOS
Frederico Afonso Izidoro

69 A PANDEMIA E O ESTADO MÍNIMO
Gabriel Quintanilha

72 O ANO EM QUE RECEBEMOS LENTES PARA VER O MUNDO REAL
Guilherme Madeira Dezem

76 *FAKE NEWS*, PRESENTE! A ACADEMIA NA PANDEMIA DA (DES)INFORMAÇÃO
Hebert Vieira Durães

82 — **BIOÉTICA E PANDEMIA NO BRASIL: DA "DESCOBERTA" ÀS DIFÍCEIS LIÇÕES**
Henderson Fürst

88 — **O TELETRABALHO À LUZ DA PANDEMIA DA COVID-19**
Isabelli Gravatá

100 — **IRREFREÁVEL: TECNOLOGIA, DIREITO E SOCIEDADE**
Lara Rocha Garcia

105 — **A CULTURA DO CANCELAMENTO: O VÍRUS DO ÓDIO**
Marcelo Hugo da Rocha

111 — **2020: O ANO QUE ME ENSINOU QUE O CONFINAMENTO PODE SE TRADUZIR EM UM ATO DE AMOR**
Mariângela Tomé Lopes

115 — **2020: TRAGÉDIA OU OPORTUNIDADE?**
Marilene Matos

120 — **COVID-19: UM VÍRUS LETAL TAMBÉM PARA A SAÚDE MENTAL**
Natália Intasqui Lopes

125 — **SOLIDARIEDADE: APENAS MAIS UMA NARRATIVA...**
Otavio Torres Calvet

131 — **O DIA EM QUE O DIREITO PRIVADO PAROU**
Paulo Henrique Martins de Sousa

137 — **PANDEMIA E PANDEMÔNIO**
Rodrigo Francisconi Costa Pardal

142 — **O CAMINHO DO MEIO**
Rodrigo Janot Monteiro de Barros

147 — **MUDAR OU "BATER PANELAS"**
Sérgio Turra Sobrane

152 — **O ATAQUE DA MENTIRA À DEMOCRACIA**
Wellington Cabral Saraiva

159 — **PRIMEIROS MESES DO *LOCKDOWN* DE 2020**
William Douglas

162 — **METAMORFOSE**
Zenice Mota Cardozo

PREFÁCIO

Todo convite para elaborar um prefácio carrega consigo uma honra e um desafio, qual seja, bem cumprir a responsabilidade que o encargo confere. Aqui, tive desafio duplo: o de sempre e o constrangimento de o texto do prefácio ser menos otimista, ou talvez apenas mais preocupado, que o texto do interior da obra, em que faço par com algumas das mentes mais extraordinárias do Brasil de hoje.

Fenômenos simples às vezes se resolvem na solitude, mas os complexos pedem a interlocução com amigos, sábios, professores, com o outro. Daí, diante da complexidade do novo mundo que surge durante e após a pandemia, parabenizo a Editora Letramento / Casa do Direito por reunir respeitável plêiade de pensadores, escritores e mestres, os quais podem nos ajudar a processar tudo o que está ocorrendo ao nosso redor e nos ajudar a saber (e a nos preparar) para o que está por vir. Nesse passo, a mera leitura do nome dos articulistas já traz a certeza de que esta obra é quase obrigatória, além de, apesar de lidar com tema espinhoso, ser atraente e preciosa.

Cada artigo aqui equivale a uma peça de um quebra-cabeça. Os articulistas estudaram um aspecto ou conjunto de aspectos, dando-nos maior conhecimento daquela peça. A leitura do livro nos permite juntá-las e ir montando o *puzzle* do que ocorreu e está por ocorrer, como já disse anteriormente. Este livro é um mosaico, em que cada articulista, por força de sua história e inteligência, lança cor sobre o cenário aparentemente preto e branco, ou até cinza. É um vitral que ilumina, de diferentes ângulos e cores, o mundo que nos resta: mais desafiador que o anterior, mas o único que nós temos.

Nesse ponto, valho-me de Fernando Pessoa, em *O rio da minha aldeia*, quando diz que o Tejo, embora belo, não é mais belo que o rio que corre pela minha aldeia, "Porque o Tejo não é o rio que corre pela minha aldeia". É desperdício saudosista pensar no mundo de antes e esquecer que nossa aldeia, cada vez mais global, é a mais bonita de todas, já que é a única que temos.

Então, vamos refletir para aprender, para nos preparar e para podermos interferir no novo mundo que vem se desenhando. E aí entra o desafio extra que mencionei: nosso mundo pode ficar mais feio que o anterior, e não podemos permitir isso. Imputa-se a Winston Churchill ter dito que o futuro seria favorável porque ele mesmo iria construí-lo, e a Peter F. Drucker dizer que "a melhor forma de prever o futuro é criá-lo". Essa criação me preocupa, e ao otimismo do texto no interior da obra somos, por dever de quem analisa um cenário, preocupações sobre as quais gostaria que o leitor refletisse.

Quem é o dono da ciência? E mais: o que é a ciência? Quem pode prescrever, ou eventualmente proibir de se prescrever, um medicamento? Isso me preocupa. Quem pode escolher quais notícias devem ser veiculadas, ou pessoas ouvidas, e as que não? São questões que me preocupam ainda mais que o próximo vírus, já que a história recente mostra sua periodicidade. A Covid-19, por sua abrangência, não apenas acelerou a história (por exemplo, a aceitação do *home office*), como potencializou todos os riscos que já corríamos.

Como fazer para que não sejam politizadas, e capturadas pela esquerda ou pela direita, ou por ditadores reais ou potenciais, as decisões que a humanidade levou milênios para que fossem compartilhadas democraticamente?

Não é propósito do prefácio discutir nenhum dos temas, apenas apresentar esta obra, mas não poderia deixar de trazer ao menos a perplexidade, talvez provocação, sobre uma das inúmeras indagações que a pandemia trouxe, que é a bastante atual questão da obrigatoriedade da vacinação.

Como fazer para que radicais religiosos não façam alguém não ser vacinado por medo do *chip* que seria a marca da besta? Aliás, já alerto ao leitor que sou a favor da vacina e já a tomei. Não acho que ela seja a "marca da besta" ou do "anticristo", mas não posso, neste prefácio, furtar-me de falar de direitos e garantias individuais. Ainda que discorde de que a vacina tenha *chip* ou seja a marca da besta, temos visto retrocessos nos direitos e garantias individuais que jamais imaginei possíveis.

Ainda menino, lia o livro de Apocalipse, o último da Bíblia, e por favor entenda que eu o cito aqui não como livro religioso, mas como documento histórico. Há milhares de cópias e pelos critérios científicos e da história, há mais provas de sua existência do que da de Gengis Khan e Homero.

Sempre li que quando o Apocalipse viesse (ou vier, para quem tem fé no livro), as pessoas seriam submetidas a restrições que eu tinha certeza que seriam inviáveis pela evolução da Humanidade e pela até então aparente vitória do reconhecimento dos direitos humanos em nível cada vez maior.

Senão, vejamos o capítulo 13 do livro milenar que traz antigas profecias e que começa esta parte com o sugestivo nome de "O monstro da terra" (que não deixa de me trazer a memória de que, por ser "da terra", discorre sobre evento secular e não "espiritual"):

> 11 Então vi outra besta que saía da terra, (...) mas que falava como dragão.
> 12 Exercia toda a autoridade (...) cujo ferimento mortal havia sido curado. (...)
> 16 Também obrigou todos, pequenos e grandes, ricos e pobres, livres e escravos, a receberem certa marca na mão direita ou na testa,
> 17 para que ninguém pudesse comprar nem vender, a não ser quem tivesse a marca (...).

A terra produzir um dragão, o excesso de autoridade dos governos e a proposta de curar o "ferimento mortal" podem ser até coincidência, mas ninguém diga que os medidores de temperatura nas nossas testas e mãos não trazem, para quem já leu o texto, desconfortável semelhança. E, estimados leitores, o que dizer da perda dos direitos individuais?

O art. 5º, II, da CF/1988 nos fala que: "ninguém será obrigado a fazer ou deixar de fazer alguma coisa senão em virtude de lei"; e o que mais temos visto são pessoas sendo obrigadas a fazer, ou deixarem de fazer, coisas não previstas em lei (ou, pior, sendo proibidas de fazer coisas cujo direito é assegurado por lei).

Segundo o art. 15 do CC/2002, "ninguém pode ser constrangido a submeter-se, com risco de vida, a tratamento médico ou a intervenção cirúrgica" e grande parte dos cientistas reconhece que a vacinação não foi testada o suficiente, ou, pior, que não tem sido efetiva, começando-se a falar e a praticar a terceira dose.

Não, meus amigos, eu não sou contra a vacina, nem negacionista, apenas quero neste prefácio dizer que jamais imaginei que no século

XXI alguém poderia ser proibido de "comprar nem vender, a não ser quem tivesse a marca da besta (...)". Estava profetizado, mas eu cria ser algo inviável no mundo globalizado e com garantias mínimas que tínhamos e que agora estão em xeque (esperamos que não cheguemos a um xeque-mate).

Temos visto, e a acontecer, a discussão sobre a não entrada em um bar, ou a permanência no emprego, de alguém sem um "passaporte de vacina".

Os radicais religiosos talvez tenham errado, e a marca da besta não seja a vacina em si, mas o passaporte sanitário. Será? Se as pessoas não puderem ter a vida normal sem o passaporte, será cinismo dizer que a vacina não é obrigatória. Não adianta "não ser obrigatória", mas a pessoa puder ser demitida por não ter se vacinado, ou não puder entrar em um estabelecimento comercial qualquer. As discussões que a Europa já empreende sobre a vacina e o passaporte e a cena de franceses fazendo refeições nas ruas, em frente aos cafés e restaurantes, confirmam que o tema e as preocupações são válidos. Quem diria que o livro de Apocalipse se tornaria tão real nestes dias?

Ainda colhendo as profecias como ponto de partida para o livro ora prefaciado, cito Jesus, que em seu sermão profético (Mateus 24) também antecipou que "muitos ficarão escandalizados, trairão uns aos outros e se odiarão mutuamente" e temos que admitir que a ocorrência de divórcios, suicídios, violência doméstica, hostilidade social e desvios de verbas públicas para combater a pandemia é tão pandêmica quanto a Covid-19. Também disse "fujam para os montes" e, só para dar um exemplo, vimos esse movimento acontecer aqui no estado do Rio de Janeiro, onde o *lockdown* gerou intenso movimento de locação ou aquisição de sítios e casas longe das grandes cidades. Áreas como a região serrana do estado se tornaram completamente ocupadas.

Será que alguém será dono da ciência? – repito a pergunta. Será que médicos continuarão a ser perseguidos por prescrever ou pesquisar medicamentos? Será que o art. 5º da Constituição continuará a ser letra vazia? Será que devemos mesmo fugir para os montes? Será que neste século pessoas não poderão comprar nem vender? Não poderão entrar em supermercados, ou trabalhar, por não terem uma marca? Será que João, na ilha de Patmos, viu o Apocalipse? Já estamos nele ou saberemos nos desvencilhar dos nossos vírus, sendo que o pior deles é o autoritarismo.

Estas são apenas algumas das complexas e múltiplas perguntas que temos a refletir. Fico feliz que podemos agora sentar à mesa com pessoas do quilate dos articulistas e com eles construirmos um futuro com menos vírus biológicos e jurídicos.

Parabéns à editora, parabéns aos autores.

Recomendo fortemente a leitura.

William Douglas

Professor. Escritor. Desembargador Federal do TRF2. Mestre em Estado e Cidadania pela Universidade Gama Filho (UGF – Direito). Pós-graduado em Políticas Públicas e Governo pela Escola de Políticas Públicas e Governo (EPPG) do Instituto Alberto Luiz Coimbra de Pós-Graduação e Pesquisa em Engenharia (COPPE) da Universidade Federal do Rio de Janeiro (UFRJ). Cinquenta e nove livros publicados no Brasil e no exterior, superando um milhão de exemplares vendidos.

VIOLÊNCIA CONTRA A MULHER E A PANDEMIA

Alice Bianchini

Doutora em Direito penal pela Pontifícia Universidade Católica de São Paulo (PUC-SP). Mestre em Direito pela Universidade Federal de Santa Catarina (UFSC). Especialista em Teoria e Análise Econômica pela Universidade do Sul de Santa Catarina (Unisul-SC) e em Direito Penal Econômico Europeu pela Universidade de Coimbra/IBCCrim. Foi professora do Departamento de Direito Penal da Universidade de São Paulo (USP) e do Curso de Mestrado em Direito da Universidade Bandeirante de São Paulo (Uniban). Foi Coordenadora dos Cursos de Especialização Telepresenciais da Rede de Ensino Luiz Flávio Gomes (Rede LFG). Leciona em diversos cursos de especialização. Conselheira Federal da OAB (2019-2021). Vice-Presidente da Comissão Nacional da Mulher Advogada (2019-2021). Vice-Presidente da Associação Brasileira de Mulheres de Carreiras Jurídicas (ABMCJ) (2020-2022). Coordenadora da Pós-Graduação Direito das Mulheres: teoria, prática e ação transformadora do Meu Curso. Autora de vários livros e de artigos publicados em periódicos nacionais e estrangeiros, entre eles, *Lei Maria da Penha* (2. ed., 2021). Autora do curso virtual Lei Maria da Penha na prática (meucurso.com.br/pratica-lei-maria-da-penha).

Desde meus estudos quando do Mestrado em Direito pela Universidade Federal de Santa Catarina (UFSC) tenho me dedicado a estudar o fenômeno da desigualdade entre homens e mulheres e a violência de gênero. Em 2006, já tendo concluído meu doutorado em Direito pela PUC-SP, saudamos e comemoramos a chegada da Lei Maria da Penha. Quinze anos depois da publicação da Lei, considerada uma das três mais avançadas do mundo,[1] percebemos que quase tudo o que nela se encontra não foi, ainda, efetivado, apesar da urgência que o tema impõe, uma vez que figuramos entre os países com maior índice de violência do mundo (5º lugar em morte de mulheres[2]).

E se não bastante toda essa situação, fomos tomados de muita preocupação quando, já no início da pandemia, surgiram as primeiras notícias de aumento da violência contra a mulher em vários países. A realidade por aqui, tudo indicava, não seria diferente. E o que era uma preocupação infelizmente concretizou-se. Os principais fatores de risco em relação à violência doméstica foram potencializados durante a pandemia, gerando, assim, aumento dos casos de violência, ainda que em algumas situações tenha incidido o processo de subnotificação (diferença entre os casos reais e aqueles que chegam até o conhecimento das autoridades competentes).

Os fatores de risco que foram potencializados com a pandemia são:
1. isolamento social;
2. aumento de consumo de bebida/drogas;
3. problemas financeiros;
4. dificuldade acesso a serviços e equipamentos.

A violência contra a mulher, no Brasil, tem aumentado nos últimos anos e durante a pandemia não foi diferente. De acordo com o relatório Visível e Invisível de 2021, realizado pelo Fórum Brasileiro de Segurança Pública e pelo Datafolha, em parceria com a Uber,[3] 50,8% das mulheres que sofreram violência acreditam que a pandemia influenciou para agravar de algum modo a violência que sofreram.

Ainda de acordo com o mesmo relatório, uma em cada quatro mulheres acima de 16 anos foi vítima de algum tipo de violência nos últimos 12 meses. Isso totaliza 17 milhões de mulheres vítimas.

O maior índice de violência verificado foi entre mulheres mais jovens, entre 16 e 24 anos (35,2%), com prevalência entre as mulheres

---

1 UNIFEM. Progresso das Mulheres no Mundo, 2008/2009, p. 76.
2 Flacso, OPAS-OMS, ONU Mulheres, SPM. Mapa da Violência, 2015, p. 28.
3 Disponível em: <https://assets-dossies-ipg-v2.nyc3.digitaloceanspaces.com/sites/3/2021/06/relatorio-visivel-e-invisivel-3ed-2021-v3.pdf>.

negras (28,3%). Os índices de prevalência da violência entre as mulheres negras não é novidade da pandemia: praticamente todas (senão todas) as pesquisas que já foram elaboradas sobre a violência contra a mulher apontam que as negras são as maiores vítimas.

Ainda segundo o relatório Visível e Invisível, dos registros de violência, sete em cada dez casos tiveram como autor da violência um conhecido da vítima. Mas isso não exclui a ocorrência em que o autor era pai ou mãe da vítima (11,2%), o que revela alta prevalência da violência doméstica e intrafamiliar contra a mulher. Por isso, a Lei Maria da Penha segue sendo um instrumento fundamental de prevenção e proteção às mulheres brasileiras.

Um dos dados mais tristes trazidos pelo relatório é a reação da vítima em relação à agressão mais grave sofrida: 45% delas não fizeram nada. E isso pode estar relacionado com a Síndrome do Desamparo Aprendido, em que, após um tempo vivendo na mesma situação de violência, sentindo-se desamparada, culpada e/ou responsável pela violência sofrida, a vítima já não apresenta vontade ou forças para sair da situação.

No Brasil, apenas em 2020, foram registradas 105.821 mil denúncias de violência contra a mulher. E o número de feminicídio, segundo o Anuário Brasileiro de Segurança Pública de 2021, aumentou em 0,7%.[4]

Não obstante a dimensão assustadora trazida pelos dados compilados anteriormente, infelizmente, quando analisamos as respostas estatais ao grave e permanente problema, vemos um total descaso. Os gastos com políticas públicas para o enfrentamento da violência contra a mulher tiveram, em 2020, o menor patamar dos últimos cinco anos. Um levantamento feito pelo Instituto de Estudos Socioeconômicos (INESC), obtido pela página Universa da UOL, revelou que uma das principais políticas públicas na área de enfrentamento à violência contra a mulher, a Casa da Mulher Brasileira, sofreu o maior impacto, recebendo somente 2,6% da verba autorizada para 2021: até julho, dos R$ 25,5 milhões disponíveis, foram gastos R$ 672 mil. Com isso, tudo indica que, no segundo ano de pandemia, os investimentos para enfrentamento da violência de gênero atingirão patamares ainda mais baixos. Entretanto, o Ministério da Mulher, da Família e dos Direitos

---

[4] Disponível em: <https://forumseguranca.org.br/wp-content/uploads/2021/07/anuario-2021-completo-v6-bx.pdf>.

Humanos segue afirmando que os gastos com tais políticas em 2020 foram os maiores dos últimos cinco anos.

Em relatório publicado em outubro de 2020, o Instituto Patrícia Galvão, em parceria com Locomotivas, revelou que a violência doméstica e o estupro são os tipos de violência que mais preocupam as brasileiras em tempos de pandemia. Noventa e oito por cento da população entende que a violência contra a mulher é um problema muito grave para o Brasil. E realmente: podemos considerar não somente grave para o Brasil, como também para o mundo. A violência contra mulher é uma pandemia silenciosa e, muitas vezes, tolerada.

Ainda segundo o relatório do Instituto Patrícia Galvão, 28% dos entrevistados conhecem uma mulher que sofreu agressão de companheiro ou ex-companheiro durante a pandemia de Covid-19. Dentro desta porcentagem, as violências com maior incidência são a psicológica e a física (60% ambas). Entre as mulheres vítimas, 85% sofreram agressões antes da pandemia, 3% aconteceram durante a pandemia e 12% antes e durante a pandemia (ano 2020).

E esse tema, infelizmente, deve ser uma preocupação para as mulheres. O Anuário Brasileiro de Segurança Pública de 2021 revelou que, durante a pandemia, houve um aumento de 3,6% no número de medidas protetivas deferidas.

Todos esses dados sobre violência contra a mulher e sobre a insistente desigualdade entre os sexos trazem um desapontamento com a triste realidade brasileira. Mas, é preciso que a real e péssima situação da mulher em nosso país seja desvelada, para que, a partir do seu *conhecimento*, possa-se dar o passo seguinte, que é o de adquirir a *consciência feminista*, o que por certo levará ao *envolvimento*, e este, por sua vez, poderá conduzir ao tão necessário e já tardio processo de *mudança*, para que se possa, finalmente, alcançar o preceito constitucional que apregoa a *igualdade entre homens e mulheres*!

2020: O ANO QUE NÃO TERMINOU

Álvaro Dias

Está no quarto mandato de senador e é o atual Líder do Podemos. Foi vereador, deputado e governador do Paraná. É licenciado em História pela Universidade Estadual de Londrina (UEL) e recebeu em San Diego, na Califórnia, o diploma de Doutor *honoris causa* em Administração Governamental pela Southern States University.

Ninguém pode ignorar a História. Oficial ou oculta, ela se entrelaça com o tempo nas versões dos processos históricos e se faz presente em nossas vidas. Sempre a considerei importante. Não só ela, mas também esse cavalheiro enigmático, sem o qual ela não poderia existir: o Tempo.

Há ainda os labirintos do espaço-tempo sobre os quais o gênio Einstein discorreu e alçou a ilusão para descaracterizar as distinções entre o presente, o passado e o futuro. Na política, o tempo sempre foi relativo. A própria história encarregou-se de produzir escândalos novos para que o passado recente fosse esquecido ou relativizado. Mas a pandemia de Covid-19 não só escancarou essa prática, como potencializou uma anestesia cívica dos cidadãos.

Quando a prioridade legítima era salvar vidas, o medo de ir às ruas acabou deixando a "boiada" da impunidade passar.

No ano de 2019, quando surgiram as primeiras informações sobre o novo coronavírus, em pleno lusco-fusco, temos o marco de uma grande mudança no planeta, que virou o mundo de cabeça para baixo. Tudo foi impactado. Como vivemos e interagimos uns com os outros, como trabalhamos e nos comunicamos, como nos movemos... cada aspecto de nossas vidas foi afetado. E na política não foi diferente. A emergência de saúde pública empurrou-nos para votações em tempo recorde, fazendo que o Congresso aprovasse as primeiras medidas para o enfrentamento da pandemia, como isolamento, quarentena, realização compulsória de exames médicos e restrição excepcional e temporária de entrada e saída do País.

Em uma breve retrospectiva histórica, lembramos que as doenças infecciosas afetam a humanidade há milhares de anos. No século XIV, entre 1347 e 1352, a peste negra, ou bubônica, dominou o continente europeu, estimando-se que tenha causado a morte de cerca de um quarto da população. No século XIX, o mundo passou por ciclos de pandemias de cólera. A Inglaterra e o País de Gales perderam, entre 1831 e 1848, mais de 70 mil vidas. No Brasil, estima-se que a cólera tenha causado o óbito de 200 mil pessoas entre 1855 e 1856.

As descobertas do pesquisador francês Louis Pasteur conduziram ao ano de 1857, considerado o início da Microbiologia. Mas o abandono da fase empírica, com microscópios, técnicas de identificação e classificação de inúmeras espécies de bactérias, não foi suficiente para impedir a chegada das epidemias de varíola e febre amarela. No ano de 1918, a gripe espanhola encontrou a população sob o impacto da Primeira Guerra Mundial, sendo responsável pela morte de cerca de 50 milhões de pessoas. Mais recentemente, o vírus Influenza A (H1N1) foi identificado e considerado o subtipo responsável pela pandemia de 1918.

De maneira geral, as diversas epidemias passaram por períodos de desconhecimento e negação. Em 1904, a adoção de medidas coercitivas, que incluíam a obrigatoriedade da vacinação contra varíola, levou ao protesto popular conhecido como Revolta da Vacina. De volta a 2020, não deixamos de viver algo parecido com esse passado que encontrava no cenário de crise financeira, conflitos políticos, pobreza e estrutura sanitária precária a tempestade perfeita para a proliferação das doenças. Em que pese o fato de a Ciência ter avançado anos-luz no último século, a pandemia de coronavírus encontrou no Brasil uma barreira de negacionismo, o que acabou prorrogando a sua presença fatal na vida dos brasileiros.

Em razão de teorias conspiratórias sobre a origem do vírus e de guerras de narrativas sobre as medidas restritivas, acabamos no fim da fila da vacinação. Não houvesse o governo federal recusado, em outubro de 2020, uma oferta de 100 milhões de doses de vacina, segundo representantes dos laboratórios, o Ministério da Saúde teria recebido 49 milhões de doses a mais até o fim de maio de 2021.

Enquanto grandes potências mundiais largaram na frente nas medidas de isolamento e na imunização, no Brasil a política imiscuiu-se na ciência, provocando uma hecatombe. Entidades científicas centenárias foram menosprezadas pelos mandatários da Nação, alimentando o radicalismo de suas bases. A ciência e as teses negacionistas disputaram, *pari passu*, lugar nas redes sociais, transformando essa arena pública em território de ódio e prejuízos à saúde do povo brasileiro. Ministros favoráveis à ciência foram demitidos, e enquanto a vacina propagada pelo adversário político era bombardeada e a China, produtora de insumos para o imunizante, hostilizada, milhares de vidas foram perdidas para o vírus. Os Estados Unidos também começaram assim, negando, insultando, mas havia uma eleição no meio do caminho para corrigir o rumo da história.

A dor provocada pelas mortes, muitas delas por falta de oxigênio nos hospitais, atingiu a todos nós. Perdemos parentes, amigos, atores e políticos, como o saudoso senador Major Olímpio, que, semanas antes de morrer, gravou um vídeo pedindo vacinas. A pandemia exigiu de nós uma resignação sem precedentes para assistir ao sofrimento alheio e, ao mesmo tempo, em uma nova rotina de vida, aprovar inúmeros projetos para mitigar as consequências sociais da Covid. Nós políticos, useiros e vezeiros do contato direto com o eleitor nas ruas e das discussões acaloradas no plenário do Congresso, fomos empurrados para a frieza do ambiente digital. Mas, como toda a população brasileira, aprendemos a nos reinventar e demos passos decisivos para enfrentar o outro lado nefasto da pandemia, além das mortes: o desemprego e a fome.

Em março de 2020, contra os R$ 200,00 propostos pelo governo Federal, o Congresso aumentou o valor e aprovou o auxílio emergencial de R$ 600,00 para os cidadãos que perderam o emprego e/ou autônomos que não tinham condição de trabalhar durante a pandemia. Foi um alento de esperança em meio ao caos.

Dados da Pesquisa Nacional por Amostra de Domicílio (Pnad), do IBGE, mostram que, entre março e junho de 2020, teria havido o fechamento de 3,85 milhões de vagas formais de emprego. (No ano cronológico de 2021, embora o de 2020 continue sem fecho, a recessão causada pela pandemia deu sinais de trégua e um novo auxílio emergencial foi aprovado, com parcelas de R$ 150,00. Estima-se que o País ainda pode terminar o ano com 14 milhões de desempregados.)

O 2020 sem-fim acabou aprofundando a polarização da sociedade. O cenário de mortes, recessão econômica e desemprego agravou ainda mais o duelo "nós contra eles" que tem vindo a reboque das últimas eleições, principalmente do último pleito, em 2018. Houve movimentos orquestrados de desinformação maciços e bem financiados para publicar deliberadamente notícias falsas e confundir a população. Atores desonestos – incluindo governos e organizações propensas a conspirações e charlatanismo – foram, e continuam sendo, responsáveis por injetar dúvidas sobre a ciência médica e por destilar ódio contra os que se negam a embarcar nas teorias do absurdo.

Apesar de o Parlamento ter avançado e aprovado matérias para o combate à pandemia e às suas consequências, em 2020, o País avançou pouco nos projetos pré-pandêmicos – e praticamente pré-históricos –, porque são, há décadas, reiteradamente prometidos em campanhas eleitorais: as decantadas reformas. O Brasil continua a ser um país à espera de reformas. Continuamos reféns do atraso em várias áreas, como a tributária, a administrativa e a do sistema federativo. Nas medidas de combate à corrupção, retrocedemos! A pandemia ofuscou a luz desse debate e personagens da política, outrora condenados, foram reabilitados a voltar à vida pública. Com mudanças bruscas de entendimento dos ministros do Supremo Tribunal Federal, os portões da impunidade foram abertos, com a anulação de condenações e de outras práticas consideradas legais pelo próprio STF, em outros tempos. E não foi só. Enquanto os holofotes estavam voltados para o agravamento da pandemia, parlamentares tentaram votar projetos para aliviar crimes de corrupção. Foi como se todo o esforço da Operação Lava Jato, que, pela primeira vez, puniu os crimes do colarinho branco, tivesse sido em vão. Mas, como já dissemos, as massas foram neutralizadas pelo horror da pandemia.

Projetos fundamentais para o combate à impunidade, como a proposta de emenda constitucional de minha autoria que acaba com o foro por prerrogativa de função e que se popularizou como foro privilegiado, já aprovada pelo Senado desde o ano de 2017, e a que restabelece a prisão em segunda instância, continuaram convenientemente nas gavetas da Câmara. Assim como o *modus operandi* da política, com base no toma lá dá cá, que continuou cobrando o seu preço, dessa vez inflado pela urgência do desastre pandêmico. Um desastre que não impediu, em 2020, a realização das eleições municipais e a campanha para a renovação das presidências da Câmara e do Senado. A política deu um jeitinho de intervalar ações e omissões para fazer o que a base política da vez queria. Interesses nem sempre republicanos, nem sempre em sintonia com as aspirações da população.

A pandemia nos fez ser, ao mesmo tempo, vítimas da doença ou de suas consequências, testemunhas, observadores, analistas, torcedores e atores, com responsabilidades relacionadas à prevenção, ao cuidado, ao estudo e à mitigação do sofrimento, agora e dos desdobramentos ainda imprevisíveis no futuro. Somos também os propagadores, relevantes na medida do acaso e de atitudes imprudentes ou negligentes. Não é demais lembrar que também a indução de atitudes alheias, decisões políticas, interações e omissões pesam e permanecerão sobre nossos ombros. Enquanto muitos se esforçam para obter e entender informações, descrever as infindáveis dimensões do problema, desenhar cenários e apontar caminhos, a paisagem muda a cada instante. Haverá muita matéria-prima para os historiadores do futuro.

Com a vacinação acontecendo em ritmo lento nas cidades brasileiras, ainda teremos desafios imensos, mesmo ainda sem enxergar o fim da pandemia. Conciliar inflação, fome, desemprego, crescimento econômico, políticas públicas para proteção social e até a falta de chuvas que pode culminar em racionamento de energia. A política continua a postos para o que está por vir, torcendo para que 2020 acabe logo. Torcendo para que toda essa tragédia que temos vivido conscientize os governantes a investirem na ciência, e o cidadão, a valorizar a importância do voto. A pandemia tem sido um período de grande aprendizado para todos nós. Há uma catarse em curso, mas é cedo para decifrar seus contornos no mundo real e objetivo. O negacionismo cobrou um preço alto; as velhas práticas políticas, lamentavelmente, não mudaram; o vírus da corrupção se fortaleceu; mas também assistimos a cenas comoventes de dedicação, especialmente dos profissionais de saúde, e de solidariedade de empresas e cidadãos comuns. A pandemia nos tornou iguais, matou ricos e pobres, famosos e anônimos. Viramos estatísticas. Mas se sobrevivemos até aqui para contar essa história, não podemos perder a esperança de que o ano novo vai nos surpreender positivamente. Que a caminhada rumo a um Brasil próspero esteja logo ali, quando 2020 terminar.

2020: O ANO EM QUE CASCÃO LAVOU AS MÃOS

Ana Claudia Pompeu Torezan Andreucci

Pós-Doutora em Comunicação pela Escola de Comunicações e Artes (ECA) da Universidade de São Paulo (USP). Pós-Doutora em Direitos Humanos e Democracia pela Universidade de Coimbra. Pós-Doutora em Direitos Humanos e Trabalho pelo Centro de Estudos Avançados da Universidade Nacional de Córdoba, Argentina. Mestre e Doutora pela Pontifícia Universidade Católica de São Paulo (PUC-SP). Graduada em Direito pela Universidade Presbiteriana Mackenzie e em Jornalismo pela Faculdade de Comunicação Social Cásper Líbero. Professora de Direito da Criança e do Adolescente da Universidade Presbiteriana Mackenzie. Professora da Pós-Graduação *Lato Sensu* da ECA-USP. Vice-líder do Grupo de Pesquisa Criadirmack da Faculdade de Direito da Universidade Presbiteriana Mackenzie. Pesquisadora do Grupo de Estudos de Novas Narrativas da ECA-USP. Membro da Comissão de Direitos Infantojuvenis da Ordem dos Advogados do Brasil (OAB-SP) e do Instituto Brasileiro de Direito da Criança e Adolescente.

Quando recebi o convite do querido amigo Prof. Guilherme Madeira para compor esta obra, recebi também a informação de que não seria um texto jurídico, ao contrário, esperava-se um ensaio, uma crônica, uma narrativa sem receitas metodológicas ou científicas, com as quais estou tão acostumada.

Tipicamente geminiana, muitos temas me vieram à mente. Pensei em falar do U2 e a primeira música do grupo irlandês dedicada aos profissionais da saúde em tempos de Pandemia. Mudei de ideia. Logo mais, a *street art* com a obra desenhada por Banksy perto de um hospital na

Inglaterra mostrando que uma criança brincava com seus mais novos super-heróis e heroínas, na versão profissionais da saúde. Mudei de ideia também. Geminiana.

Eis que pensei: por que não toda a subjetividade do Eu. A escrita em primeira pessoa do singular. Um eu em um primeiro momento criança, adolescente e hoje mulher em tempos pandêmicos. Um pouco de autobiografia sempre é uma forma de nos conhecermos melhor. Percorrer as estradas psicanalíticas de quem somos, em qualquer tempo, ou ainda em tempos tão complexos como os atuais. Por estas andanças dos meus diversos eus. Um eu, a minha criança que nunca me deixou. Criança de sorriso largo, perguntadora e de olhos brilhantes. E com essa criança, mais um tema. Chegou forte e fez morada. Deu asas à minha criança interior, levou-me pelas mãos e conduziu-me por minhas memórias, rituais e tradições. Essa é uma narrativa que começa ali na minha infância. Um "era uma vez" enredado pela palavra NUNCA, advérbio de tempo, que no alto da minha maturidade me provou de fato sua excepcionalidade ou um quase não existir. Pois é, como túnel do tempo, vamos de três palavrinhas que, quando se juntam, fazem brilhar os olhos de crianças pequenas ou grandes. Vamos lá: era uma vez...

1974 - MOGI MIRIM, INTERIOR DE SÃO PAULO, FAMÍLIA TOREZAN

Tinha 3 anos. Família italiana, tipicamente italiana. Família grande. Muitos primos e muitas primas. Minhas memórias são de cheiro de café, bolinho de chuva, pastéis caseiros, mãos gesticuladoras, gestos largos e um vozerio, sempre um vozerio. E com orgulho diziam a matriarca e o patriarca: "ah italianos são assim, falam alto mesmo". Uma justificativa, uma desculpa para as cotidianas reclamações da vizinhança, intensificadas no domingo.

Naquela tarde de domingo não seria diferente. Domingo era um dia muito especial na casa da Dona Felícia e Seu Zé. Família reunida. Macarrão. Histórias. Piadas. Truco. Vozerio, mais vozerio. Gestos largos e generosos. Reclamações da vizinhança.

Acordei ansiosa. Havia uma espera. Um suspense. Um andar demorado dos ponteiros do relógio. Uma prima chegaria de São Paulo e com ela uma coleção de desenhos adquiridos semanalmente. Um a um. Almanaques, edições especiais. Coleção das grandes. Comprados como em um ritual sagrado de todos os domingos. Dia de domingo era dia de banca de jornal. Prometia-se bom comportamento. E do lado de lá, prometiam o aumentar da coleção. Chamavam-se gibis, assim me disseram. Coloridos. Revistinhas. Uma turma de amigos. Brasileiríssimos e apaixonantes personagens. Paradigmas e modelos para a nossa infância.

Eu não sabia ler, mas as figuras, os desenhos me encantavam. A começar de uma menininha dentuça, de cabelo *pixie cut*, que andava com um coelho e vivia pela rua. Foi amor à primeira vista. Mal sabia eu que seria amor eterno. Ela atendia por Mônica. Forte, empoderada, a rua era o seu universo. Cheia de vida. Cheia de sonhos. Superlativa de si. Meu modelo de menina. Paradigma para a minha infância.

Não demorou, aprendi a ler, dois anos mais tarde. Tinha 5 anos. A magia da alfabetização. Letra por letra, que formavam palavras, que formavam frases, que criavam histórias e que ampliariam o meu mundo. Ler e escrever foram (e ainda são) grandes paixões. A potência de significado de cada uma delas e de quando se juntam. Ah, ninguém segura. Significações, traduções e uma forma de comunicar o mundo. Elas me fisgaram de tal maneira que aos 5 anos eu dizia, cheia de mim, que queria ser jornalista. Uma artesã com o poder de escolher palavras, uma a uma, formando frases, formando textos, contando histórias. Sonhos de menina e que se tornariam realidade futura. Era isso que eu queria ser quando crescesse.

E fui crescendo. Com a alfabetização, não via mais figuras. Lia tudo. E dei início também ao mesmo ritual. Domingo era dia de banca de jornal. Dia de aumentar a coleção. E que coleção. Guardada até hoje como troféu.

A Mônica sempre foi e continuava a ser a minha ídola. Ela me entendia. O mesmo cabelo *pixie cut*, o carrinho de rolimã, os jogos de bocha (tipicamente italianos) e a vontade de ganhar o mundo. Essa era eu. Somos parecidas ou ficamos parecidas. A vida imita a arte. Mas não é sobre ela que quero falar, apenas algumas linhas para que não haja ciúmes entre nós. Continuamos até hoje cúmplices. Tenho um orgulho imenso em saber que há quase uma década ela é embaixadora e nos representa internacionalmente no Unicef (Fundo das Nações Unidas para a Infância). Hoje sou professora de Direito da Criança e do Adolescente e confesso que conto as horas, minutos e segundos para apresentar sua vida e seus feitos para os meus amados alunos em prol de um mundo melhor, em especial, para as meninas. Mônica é sinônimo de cidadania e o seu superpoder atende por educomunicação.

Feitas estas linhas, vamos a outro personagem. Ele me intrigava. Sempre me intrigou. Contavam que havia nascido antes mesmo que a Mônica. Criado na década de 1960 por seu pai, o desenhista Mauricio de Sousa, lá estava ele, o Cascão. Para quem a água era a inimiga pública e privada número 1. Toda semana lá ia eu para a banca buscar a Mônica e trazia junto o Cascão. Cofrinhos e moedinhas nem sempre eram suficientes pra trazer os dois. Muitas vezes deixei ela e trouxe ele. Cascão era o meu dilema. O meu suspense. O meu desafio. Como assim não tomar banho, não lavar as mãos, a chuva que pairava sobre a sua cabeça não despencar, as poças que não o atingiam.

Semana a semana, eu ia à banca do Sr. Antônio, na praça central de Mogi Mirim, para buscar o gibi do Cascão e acreditar que "dali pra frente tudo seria diferente", ele ia mudar sua relação com a água. A cada semana, a inocente crença de criança de que ele iria mudar e seria eu uma testemunha viva da história de sua reconciliação com a água. Semana a semana, eu repetia o ritual, e a água e o Cascão cada vez mais distantes.

Quando tinha 9 anos, pensei em escrever para o Mauricio de Sousa, e minha mãe dizia: "Deixa disso. Ele nunca vai lavar as mãos. Ele e a água nunca serão apresentados. O dia que isso acontecer o Cascão vai morrer". Mães taurinas costumam ser diretas. Como assim? Minha torcida que antes era pela água mudou, quando passei a entender, no alto dos meus já 11 anos, que a água seria o seu fim. Sua morte. A nossa perda.

Anos se passaram. Outros dilemas na vida vieram. Confesso que custei a comprar os gibis do Cascão para os meus filhos. Em especial, para o caçula da casa, que insiste em não fazer parte da turma da água. E claro, inteligente e articulado que só, tinha o Cascão como argumento de autoridade para se safar do banho. Desconfiamos por aqui que será advogado, sempre com um bom argumento na ponta da língua.

Mas eis que chega um novo ano. Um ano chamado 2020. Um ano que, por mais projeções que pudéssemos fazer, nossa imaginação jamais poderia realizar.

Cinco letras e dois números passaram a ser o assunto de todos os dias e lugares dos mais próximos aos mais longínquos. Cinco letras e dois números que eram comunicados planetariamente. Cinco letras e dois números que fecharam escolas, confinaram pessoas. Tempos de mudanças. Tempos de confinamentos. Tempos de não abraços. Tempos de telas virtuais, máscaras, álcool em gel. Tempos de perdas, mortes e tristezas. Um tempo que planetariamente nos uniu, distanciou-nos e que nos fez repensar. Um ser diminuto, minúsculo e autoritário que alterou o rumo das existências. Cinco letras e dois números, Covid-19.

E nestes tempos, há muito não havia falar do Cascão. Os dilemas sobre a sua inimizade com a água já não cabiam em uma agenda dos tempos de maturidade. Que pena! Que dilemas maravilhosos eram aqueles. Tempos das domingueiras bancas de jornal.

Não foi por um gibi, mas pelas telas do celular que li: "Cascão lavou as mãos pela primeira vez". Estava sem óculos. Óculos são o acessório principal dos meus tempos de maturidade. Coloquei-os e a notícia estava lá: "Cascão lavou as mãos pela primeira vez". Li de novo e custei a acreditar. Pensei, claro, *fake news*, infodemia, só pode. Fui checar outras fontes e a notícia continuava essa. Superadas tais hipóteses, fui tomada por um sentimento de volta à infância, delineado pela tristeza e a certeza: Cascão morreu. Ele e a água não eram amigos. Ela seria a decretação da sua morte, era o que sempre dizia minha mãe. Taurina. Direta.

Não, Cascão não morreu. Cascão renasceu em todos nós. No alto de seus quase 60 anos, mudou sua vocação em nome de algo muito maior chamado VIDA, em letras maiúsculas. Em caixa alta como costumamos chamar, nós, os jornalistas.

As cinco letras e dois números chegaram também para ele. Seu pai, Mauricio de Sousa, orgulhoso de si, falou para o mundo, aquilo que aprendemos nos bancos da universidade na disciplina de Direito Empresarial, a responsabilidade social de uma empresa. Como pai, ele fez isso, Cascão lavou as mãos por uma causa sensível e solidária que nos marcou a todos.

Do lado de cá, essa menina grande de 50 anos teve a certeza de que NUNCA é um advérbio de tempo de excepcionalidade e que praticamente não existe. Tá aí o Cascão para provar que realmente 2020 entrará para a história de todos nós, crianças pequenas e grandes. Crianças de todos os tempos, na certeza de que na incerteza e na dificuldade sempre haverá o encantamento do "era uma vez" que nos faz humanos e solidários na ressignificação da VIDA.

COMO SERÁ O MUNDO PÓS-PANDEMIA?

Charles Martins

Promotor de Justiça Aposentado. Professor Titular de graduação e pós-graduação. Pós-Graduado em Direito Civil e Processual Civil pela Universidade Gama Filho (UGF) e pela União das Escolas Superiores de Rondônia (Uniron). Professor da Escola Superior de Advocacia (ESA/RO). Coautor do livro *Conversas sobre direitos II*. Coordenador Editorial e Coautor do livro *O direito moderno e seus reflexos*: uma visão prática. Coordenador Editorial e Coautor do livro *Encorajem-se com profissionais do direito*. Coordenador Editorial e Coautor do livro *Conversas sobre direitos III* (no prelo). Palestrante.

Estima-se que o primeiro caso do novo Coronavírus, chamado de Covid-19, foi registrado no mês de dezembro de 2019, na Cidade de Wuhan, na China, e desde então o planeta foi dominado por um inimigo quase invisível, um vírus, que está mudando a história da humanidade. As pandemias são uma parte muito importante da história global, remontam há muitos milhares de anos.

Como será o mundo pós-Covid-19? A capacidade do vírus de se espalhar tão rapidamente e as mortes que ele tem provocado gerou pânico entre os seres humanos e fez que cada país implementasse medidas seguindo as recomendações da Organização Mundial de Saúde (OMS) para interromper a curva de crescimento do número de casos.

Ficou claro que muitas nações não estavam preparadas para enfrentar tão devastadora doença. Infelizmente, na sua grande maioria, demonstraram desconhecimento para lidar com o novo, algumas politizaram a doença e não se preocuparam com o povo, que foi sendo dizimado pelo vírus.

Certamente é difícil responder ao questionamento: como será o mundo pós-pandemia? Essa pergunta está na mente de praticamente todas as pessoas, mas não apenas em relação às questões econômicas, mas também como serão nossos relacionamentos, a saúde física, mental e espiritual.

Um artigo da PEBMED, que publica conteúdos médicos, faz referência às principais consequências da pandemia, como o surgimento ou agravamento de disfunções metabólicas, pois as recomendações de isolamento e distanciamento social levaram muitos a mudar seus hábitos de vida, ocasionando o ganho de peso, sedentarismo e muitos outros problemas de saúde.

Este é o cenário atual da sociedade mundial, no qual os seres humanos foram lançados. Uma doença inesperada. Um vírus mutante, do qual não se tinha o devido conhecimento e, portanto, não souberam enfrentá-lo adequadamente, principalmente em razão da vaidade de muitos. Faltou humildade para alguns governantes e autoridades sanitárias. Verificou-se uma guerra de vaidades e no meio de tudo isso a população mundial adoecendo, sofrendo e, muitas vezes, morrendo.

As mudanças de orientações da Organização Mundial de Saúde (OMS) infelizmente não contribuíram para evitar a disseminação do vírus. Usa máscara, não usa máscara, isola ou não isola, distancia ou não distancia a população e daí em diante. Havia uma nítida falta de certeza de como proceder, o que dificultou muito o combate à doença. Assim, ocorreram muitos equívocos no seu enfrentamento, não se teve a capacidade para entender o potencial de lesividade do vírus, que, inicialmente, foi subestimado por muitos, contudo, a atuação da mídia levando terror para o meio social também não contribuiu, em nada, para o enfrentamento da pandemia.

A crise instalou-se no mundo inteiro. O vírus demonstrou que somos todos iguais. Ele nos fez refletir como somos frágeis, e que nossas vaidades não servem para nada. Que devemos amar ao próximo, que devemos ser mais solidários, que a união faz a força. Necessária uma profunda reflexão sobre a nossa existência, a nossa condição humana e, principalmente, a cruel realidade de uma sociedade desigual.

E o que se mostra contraditório é que mesmo com tanto desenvolvimento tecnológico e científico, ficamos totalmente perdidos no enfrentamento da pandemia. Na minha opinião, a pandemia deixou claro, principalmente, que precisamos evoluir muito como pessoas, pois estamos inseridos numa globalização que nos coloca em contato uns com outros, em qualquer lugar do mundo, permitindo-nos compartilhar experiências e conhecimento.

O Coronavírus mudará nossas vidas, na verdade já mudou. Passamos a dar mais valor ao nosso convívio familiar, o consumismo foi repensado, morar perto do trabalho e em condições melhores de habitação, pensar mais no coletivo. A Covid-19 nos fez rever valores e alterar nosso dia a dia, ou seja, a pandemia mudou nossas vidas.

Não estou me referindo à simples mudança de hábitos durante a pandemia, como isolamento, distanciamento, uso de máscaras e álcool em gel, muito mais que isso, na verdade, o mundo nunca mais será o mesmo.

As pessoas enxergaram que a vida não é só trabalhar, trabalhar e trabalhar, buscar somente o lucro, consumir, consumir e consumir. A vida é muito mais que isso, passaram a dar o verdadeiro valor ao convívio familiar, à natureza, à sua saúde física, mental e espiritual.

O mundo pós-pandemia será diferente. Não existe mais aquele mundo de antes da Covid-19. O nosso modo de viver foi sendo alterado dia a dia, e todos nós devemos aceitar essa nova realidade, nunca mais voltaremos ao *status quo* de 2019.

Na verdade, a pandemia é um divisor de águas. Ela veio acelerar o futuro, antecipando mudanças na sociedade, que viriam normalmente com o tempo, como o *home office*, a educação a distância, intensificação das compras *on-line*, exigência de maior responsabilidade social por parte das empresas, desemprego etc.

O mundo pós-pandemia trará mudanças duradouras? Desde o início de 2020 o Brasil passou a vivenciar essa nova realidade, no entanto, o sentimento de incerteza de como será o planeta pós-pandemia ainda prevalece. Os estudiosos sobre o tema vêm analisando os dados disponíveis, tentando prever quais transformações serão duradouras.

Certamente não seremos mais os mesmos. Uma nova realidade social surge com a pandemia. Descobrimos que podemos estudar, trabalhar, fazer conferências, reuniões, comprar, vender, alugar, tudo a distância, sem precisar sair da segurança e do conforto de nossos lares. Novos hábitos surgiram.

Sim, a pandemia foi devastadora, com a morte de milhões de pessoas pelo mundo, contudo, contribuiu para anteciparmos o futuro. Conseguimos enxergar que podemos fazer quase tudo a distância, hoje já não se exige mais a presença física.

O incremento do teletrabalho, que começou em decorrência do isolamento social, como uma forma de evitar a contaminação pelo coronavírus, acabou se transformando numa alternativa viável para o futuro.

Vale lembrar que foram realizadas várias pesquisas e todas demonstraram que a grande maioria dos entrevistados prefere continuar trabalhando em casa, mesmo depois do término da pandemia. Entretanto, não podemos esquecer de que nem todos os trabalhadores poderão exercer suas atividades a distância.

Chegou a hora de mudarmos o mundo, chega da mesmice, chega da maioria esmagadora de trabalhadores entrar às 8 horas, sair para o almoço às 12 horas, retornar às 14 horas e trabalhar até as 18 horas, todos os dias úteis. Qual a razão de entrar e sair sempre na mesma hora? Por que enfrentar congestionamentos todos os dias? Por que somos obrigados a viver nas cidades, sem nenhuma qualidade de vida?

O mundo precisava mudar e mudou, a pandemia só veio antecipar essa mudança. Ela mostrou ao mundo uma nova perspectiva, que podemos alterar antigos modelos. As empresas perceberam que o trabalho remoto é uma forma interessante de exercerem suas atividades e que, inclusive, reduz gastos para manterem as suas estruturas, logo, é esperado que o teletrabalho continue crescendo no mercado.

É claro que a pandemia também teve efeitos diretos no aumento do número de desempregados. A taxa de desemprego logicamente subiu, não só no Brasil, mas também no mundo e pode crescer ainda mais em 2021. Após a pandemia, o número de não ocupados no Brasil (indivíduos com idade laborativa que não exercem atividade remunerada) é maior que o de ocupados.

O aumento do desemprego é uma das mudanças provocadas pelo Coronavírus que mais nos assusta, pois, com o isolamento social, inúmeras empresas fecharam as portas ou reduziram drasticamente o quadro de colaboradores para se manterem no mercado.

Com relação à educação a distância, muitos criticam o modelo atual, mas durante a pandemia virou regra, mesmo no ensino fundamental e médio, e já se estuda a implementação de modelos híbridos, que associam EAD e presencial para o futuro.

Observo discursos conflitantes no que diz respeito ao entendimento dessa crise e seus impactos sobre a humanidade. Alguns reconhecem nossas fragilidades e preferem somar esforços e traçar estratégias para enfrentarmos a pandemia e sobrevivermos, sustentando o isolamento social, impedindo as pessoas de trabalharem normalmente, mesmo que em decorrência disso se instale uma grave crise econômica. Outros resistem em reconhecer estas fraquezas e concentram suas forças para sustentarem a necessidade de que a vida deve fluir sem o isolamento ou mesmo distanciamento social, para que dessa forma as nossas necessidades atuais continuem sendo atendidas, com mínimas restrições, e a vida prossiga numa aparente normalidade.

O isolamento e a quarentena da população não foram suficientes para conter o vírus, o que demonstra que foi retirada a possibilidade de as pessoas escolherem trabalhar ou não, levando muitos à fome e à miséria, sem resultados que justificassem tamanha restrição de liberdade.

No Brasil, o Supremo Tribunal Federal (STF) proferiu decisão sobre o papel federativo na pandemia. Na verdade, o Plenário decidiu, no início da pandemia, em 2020, que União, Estados, Distrito Federal e Municípios têm competência concorrente na área da saúde pública para realizar ações de mitigação dos impactos do novo Coronavírus. Esse entendimento foi reafirmado pelos Ministros em diversas ocasiões. Vale dizer, é responsabilidade de todos os entes da federação adotarem medidas em benefício da população brasileira no que se refere à pandemia.

Foram divulgados no Portal da Transparência (Controladoria Geral da União) os valores orçamentários e da execução de despesas do Governo Federal relacionadas ao enfrentamento da pandemia de Coronavírus (Covid-19) em todo o Brasil, chegando ao total pago de R$ 63,93 bilhões, valor da última atualização no mês agosto de 2021.

O Governo Federal destinou esses BILHÕES de reais para o combate à pandemia, repassando esses recursos aos Estados, Distrito Federal e Municípios, contudo, em alguns casos, foram muito mal aplicados pelos gestores dos recursos recebidos.

Destaco, ainda, a atuação firme da Polícia Federal no combate aos desvios de recursos públicos destinados ao enfrentamento da pandemia. Causa-nos tamanha indignação a existência de possíveis desvios desses recursos num momento tão difícil e triste, o que demonstra que precisamos evoluir muito como pessoas.

Finalizo deixando claro que tem sido muito injusto atribuir ao Governo Federal todos os equívocos no enfrentamento da pandemia, notadamente após a decisão, pelo STF, da competência de todos os entes federativos (União, Estados, Distrito Federal e Municípios) para atuar no enfrentamento do novo Coronavírus. O Governo Federal tem feito a sua parte destinando bilhões de reais para o combate à pandemia e está no 3º lugar no *ranking* dos países com maior número absoluto de doses aplicadas.

OS IMPACTOS NO DIREITO PRIVADO EM TEMPOS PANDÊMICOS

Cristiano Vieira Sobral Pinto

Doutor em Direito pela UMSA. Professor de Direito Civil e Direito do Consumidor na Fundação Getulio Vargas, na Associação do Ministério Público do Rio de Janeiro, na Fundação Escola da Defensoria Pública do Rio de Janeiro, na Escola da Magistratura do Estado do Rio de Janeiro, no Complexo de Ensino Renato Saraiva e na Fundação do Ministério Público do Rio de Janeiro. Professor universitário, palestrante e autor de diversas obras jurídicas.

Por meio das mídias podíamos ver nossos queridos amigos japoneses usando máscaras em seu cotidiano e muitos de nós pensávamos ser um exagero tal costume, mas mal poderíamos imaginar que tal acessório viraria um item de uso obrigatório também aqui nos trópicos. Vivemos uma pandemia.

As medidas tomadas pelos governos para tentar criar barreiras sanitárias capazes de diminuir a rapidez e o alastramento da contaminação pelo país e pelo mundo estavam focadas no distanciamento social. Do pouco que a comunidade científica sabia sobre o novo vírus é que ele se disseminava facilmente pelo contato do infectado com outra pessoa por meio da tosse, fala ou espirro, ou por aerossóis. Tendo essa informação, a medida mais eficaz para conter o avanço da doença passava, inexoravelmente, pelo isolamento social, e quando necessária a exposição em lugares públicos, o uso da máscara facial tornou-se obrigatório. Em seguida, as pesquisas no mundo avançaram e uma corrida se estabeleceu para que encontrassem tão logo uma vacina que fosse capaz de imunizar, amenizar os sintomas e efeitos colaterais causados pela infecção, e evitar a morte, tendo em vista o sem-número de vidas ceifadas pelo coronavírus.

Hoje, felizmente, há diversas vacinas que estão sendo oferecidas em duas ou três doses para as pessoas – em caso de idosos – e parte da população do Brasil já se encontra vacinada, a exemplo de outros países do mundo. No entanto, juntamente com as vacinas, as medidas preventivas se mantêm, em razão da rápida mutação do vírus, que requer cuidados a fim de evitar um novo surto das variantes da infecção.

No auge da pandemia e com reflexos ainda nos dias atuais, todos passamos por essa experiência, em maior ou menor grau, e, certamente, em quase dois anos de revezes, do isolamento total ao seu afrouxamento (e vice-versa), muitas coisas do nosso cotidiano sofreram mudanças bruscas em razão da Covid-19.

Desde os pequenos hábitos de higiene, com a introdução, e para sempre, do álcool 70% ou álcool em gel; as vestimentas, como o uso das máscaras faciais; as compras *delivery*, que eram realizadas quando queríamos um pouco de conforto em nossos lares e passaram a ser regra; até a limpeza dos produtos e alimentos passaram por um rigoroso tratamento seguindo protocolos sanitários.

As nossas relações interpessoais e laborais também foram afetadas. Abraços e beijos que podiam infinitamente e de graça ser distribuídos entre nossos queridos foram abruptamente interrompidos, proibidos, e os contatos virtuais, que eram um meio alternativo de encontro, passaram a ser regra. O *home office*, que era uma solução eventual visando uma maior economia e produtividade para as empresas e qualidade de vida para o colaborador, tornou-se cotidiano e o presencial, a exceção. Crianças em casa com aulas *on-line*. Famílias que só se reuniam nos jantares e fins de semana passaram a conviver dia a dia, enclausuradas.

No mundo, além das mudanças no cotidiano de cada um de nós, a economia não passou incólume à pandemia. Empresas de todos os portes e segmentos fecharam, causando desemprego em massa. E muitas sem previsão de reabertura ou de recuperação. Todos os eventos, viagens, programações futuras foram suspensos.

Claro está que essas profundas mudanças reverberaram em outras esferas, especialmente no que diz respeito ao Direito Privado pátrio. Algumas leis foram editadas visando a oferecer soluções e dirimir questões de ordem jurídica surgida em decorrência da pandemia, tentando restabelecer um clima de segurança em meio a tantas incertezas. Tais providências também ecoaram nas decisões dos tribunais que buscaram dar maior efetividade aos temas urgentes oriundos da pandemia.

No que concerne às relações contratuais deste período, surgem diversas questões de alta indagação relativas à sua continuidade, ao seu adimplemento, e hipóteses que ensejam revisão contratual, e as que podem incidir em sua resolução. Tais relações contratuais requerem análise caso a caso, mas, em sentido mais generalizante, a pandemia é considerada um evento que tem sido classificado como de força maior.[1] Tal hipótese encontra previsão no art. 393 do CC/2002.[2]

Outra abordagem dispõe que, pelo fato da facilidade de sua disseminação e suas consequências, a pandemia é tida também como um fato extraordinário e imprevisível, sendo possível a resolução contratual decorrente da onerosidade excessiva para uma das partes contratantes, com base no disposto no art. 478 da lei civil.[3] Outra consequência da pandemia diz respeito à revisão contratual, tendo por fundamento legal a previsão do art. 317 do mesmo diploma.[4]

---

1 O Conselho Chinês para Promoção do Comércio Internacional, órgão do Governo da China, tem dado ao fato o *status* de força maior. De acordo com divulgações até 3 de março de 2020, o referido Conselho já havia emitido mais de 4,5 mil *certificados de força maior*, com a finalidade de eximir contratantes inadimplentes chineses do pagamento de mais de 53 bilhões de dólares em prejuízos. Disponível em: <https://www.conjur.com.br/2020-mar-31/jardim-silveira-coronavirus-contratos#_ftn1>. Acesso em: jun. 2021.

2 Art. 393. O devedor não responde pelos prejuízos resultantes de caso fortuito ou força maior, se expressamente não se houver por eles responsabilizado. Parágrafo único. O caso fortuito ou de força maior verifica-se no fato necessário, cujos efeitos não era possível evitar ou impedir.

3 Art. 478. Nos contratos de execução continuada ou diferida, se a prestação de uma das partes se tornar excessivamente onerosa, com extrema vantagem para a outra, em virtude de acontecimentos extraordinários e imprevisíveis, poderá o devedor pedir a resolução do contrato. Os efeitos da sentença que a decretar retroagirão à data da citação.

4 Art. 317. Quando, por motivos imprevisíveis, sobrevier desproporção manifesta entre o valor da prestação devida e o do momento de sua execução, poderá o juiz corrigi-lo,

Tais alternativas são medidas excepcionais que só terão lugar se o inadimplemento tiver como causa exclusiva a pandemia de Covid-19, seja ela tida por força maior,[5] ou evento extraordinário ou imprevisível, ou acontecimentos dela decorrentes, como a hipótese de impossibilidade ou onerosidade por fato do príncipe, em razão das restrições impostas pelos Estados para a prevenção e contenção da doença. Assim, de acordo com os ditames que regem todas as relações contratuais, há de se priorizar a boa-fé objetiva e a continuidade e manutenção das avenças contratuais, observados também seus deveres anexos, como o de cooperação e lealdade entre as partes contratantes.[6]

Importa mencionar que, em caso de inadimplemento por descumprimento **ínfimo do contrato que já tenha sido parcialmente cumprido, poderá a** parte devedora alegar a teoria do adimplemento substancial em face do credor. Sendo plenamente viável a sua aplicabilidade, inclusive em decorrência de fatos ligados direta ou indiretamente à pandemia.

Mais especificamente, como medidas de enfrentamento à pandemia do novo coronavírus (Covid-19), foram editadas algumas leis no âmbito do Direito Civil e Consumidor sobre as quais passamos a tratar.

A *Lei nº 13.979/2020*, dispondo sobre as medidas para enfrentamento da emergência de saúde pública de importância internacional decorrente do coronavírus responsável pelo surto de 2019 e a adoção dos entes federados das medidas previstas no art. 3ª da norma[7], como o uso de máscara ou isolamento, podendo o seu descumprimento acarretar responsabilização.

---

a pedido da parte, de modo que assegure, quanto possível, o valor real da prestação.

5 Há de se observar, ainda, o disposto no art. 421-A do CC/2002, que dispõe em seus incisos I e II que "as partes negociantes poderão estabelecer parâmetros objetivos para a interpretação das cláusulas negociais e de seus pressupostos de revisão ou de resolução;" e "a alocação de riscos definida pelas partes deve ser respeitada e observada". Assim, havendo cláusula que preveja a força maior, estas deverão ser observadas pelas partes contratantes.

6 SCHREIBER, Anderson. *Devagar com o andor*: coronavírus e contratos – Importância da boa-fé e do dever de renegociar antes de cogitar de qualquer medida terminativa ou revisional. Disponível em: <https://www.migalhas.com.br/coluna/migalhas-contratuais/322357/devagar-com-o-andor-coronavirus-e-contratos-importancia-da-boa-fe-e-do-dever-de-renegociar-antes-de-cogitar-de-qualquer-medida-terminativa-ou-revisional>. Acesso em: abr. 2021.

7 Art. 3º Para enfrentamento da emergência de saúde pública de importância internacional de que trata esta Lei, as autoridades poderão adotar, no âmbito de suas competências, entre outras, as seguintes medidas: I – isolamento; II – quarentena;

A *Lei nº 14.010/2020*, que dispôs sobre o Regime Jurídico Emergencial e Transitório das relações jurídicas de Direito Privado (RJET) e trouxe previsões quanto aos prazos prescricionais considerados impedidos ou suspensos, conforme o caso, a partir da entrada em vigor desta Lei até 30-10-2020, não se aplicando tal medida enquanto perdurarem as hipóteses específicas de impedimento, suspensão e interrupção dos prazos prescricionais previstas no ordenamento jurídico nacional. Aplicando-se tal disposição à decadência.

A norma, no que tange às pessoas jurídicas de direito privado, estabeleceu que deveriam ser observadas as restrições à realização de reuniões e assembleias presenciais até 30-10-2020, durante a vigência da Lei, observadas as determinações sanitárias das autoridades locais. Podendo a assembleia geral, até 30-10-2020, ser realizada por meios eletrônicos, independentemente de previsão nos atos constitutivos da pessoa jurídica. A manifestação dos participantes poderá ocorrer por qualquer meio eletrônico indicado pelo administrador, que assegure a identificação do participante e a segurança do voto, e produzirá todos os efeitos legais de uma assinatura presencial.

A lei dispôs sobre a assembleia condominial e a respectiva votação, que poderiam ocorrer em caráter emergencial, até 30-10-2020, por meios virtuais, caso em que a manifestação de vontade de cada condômino será equiparada, para todos os efeitos jurídicos, à sua assinatura presencial.

A RJET previu ainda que as hipóteses de resilição, resolução e revisão dos contratos, e as consequências decorrentes da pandemia do coronavírus nas execuções dos contratos, incluídas as previstas no art. 393 do CC/2002, não teriam efeitos jurídicos retroativos. E que não se consideram fatos imprevisíveis, para os fins exclusivos dos arts. 317, 478, 479 e 480 do CC/2002, o aumento da inflação, a variação cambial, a desvalorização ou a substituição do padrão monetário. Excetuando-se a aplicação de tais regras sobre revisão contratual àquelas previstas na Lei nº 8.078/1990 (Código de Defesa do Consumidor) e na Lei nº 8.245/1991 (Lei de Locações).

Sobre as relações de consumo, estava suspensa até 30-10-2020 a aplicação do art. 49 do CDC, que dispõe acerca do direito de arrepen-

---

III – determinação de realização compulsória de: *a)* exames médicos; b) testes laboratoriais; c) coleta de amostras clínicas; d) vacinação e outras medidas profiláticas; ou *e)* tratamentos médicos específicos; III-A – uso obrigatório de máscaras de proteção individual; [...].

dimento do consumidor, na hipótese de entrega domiciliar (*delivery*) de produtos perecíveis ou de consumo imediato e de medicamentos.

No que concerne às locações urbanas, até 30-10-2020, não seria concedida liminar para desocupação de imóvel urbano nas ações de despejo, a que se refere o art. 59, § 1º, I, II, V, VII, VIII e IX, da Lei nº 8.245/1991. No caso da usucapião, encontravam-se suspensos os prazos de aquisição para a propriedade imobiliária ou mobiliária, nas suas diversas espécies, a partir da entrada em vigor desta Lei até 30-10-2020.

Sobre a vigência da RJET, cujo início se deu no dia 12-6-2020 e o término no dia 30-10-2020, por expressa determinação legal encontra-se revogada, cessando sua vigência. No entanto, sobre este último termo, determinado por arbítrio do legislador, destacamos que este não significa que a lei deixará de ser aplicada neste prazo estipulado, tendo em vista que apesar de tratar-se de uma norma transitória, seus efeitos perduram no tempo. Isso se deve ao fato de que os efeitos dos fatos ocorridos em decorrência da pandemia, durante a vigência da Lei nº 14.010/2020, se manterão até que transcorram os prazos atingindo a prescrição e a decadência das pretensões e direitos pleiteados durante a crise, produzindo a lei efeitos futuros, ainda que revogada.

A *Lei nº 14.030/2020*, que dispõe sobre a possibilidade de o sócio participar e votar a distância em reunião ou assembleia, nos termos do disposto na regulamentação do Departamento Nacional de Registro Empresarial e Integração da Secretaria Especial de Desburocratização, Gestão e Governo Digital do Ministério da Economia.

Na esfera do direito das famílias, mencionamos a *Recomendação nº 1/2020* do Ministério da Cidadania, dispondo sobre cuidados a crianças e adolescentes com medida protetiva de acolhimento, no contexto de transmissão comunitária da Covid-19, em todo o território nacional, prevendo que nas localidades onde, para prevenção da disseminação da doença, seja necessário restringir as visitas, devem ser viabilizados meios que possibilitem a manutenção do contato remoto com familiares e pessoas relevantes para a criança e o adolescente.

E a *Recomendação nº 62/2020* do Conselho Nacional de Justiça (CNJ), dispondo que a prisão civil do devedor de alimentos deve ser no regime de prisão domiciliar.

No Direito das Sucessões, convém citar ato importante do CNJ referente ao *Provimento nº 100/2020*, que dispõe sobre a prática de atos notariais eletrônicos utilizando o sistema e-Notariado, cria a Matrícula

Notarial Eletrônica (MNE), considerando a necessidade de se manter a prestação dos serviços extrajudiciais e o fato de os serviços notariais serem essenciais ao exercício da cidadania e que devem ser prestados de modo eficiente, adequado e contínuo.

No Direito do Consumidor, foi editada a *Lei nº 14.034/2020*, que dispõe sobre medidas emergenciais para a aviação civil brasileira em razão da pandemia, prevendo a possibilidade de reembolso do valor da passagem aérea devido ao consumidor por cancelamento de voo no período compreendido entre 19-3-2020 e 31-12-2021, sendo realizado pelo transportador no prazo de 12 meses, contado da data do voo cancelado, observadas a atualização monetária calculada com base no INPC e, quando cabível, a prestação de assistência material, nos termos da regulamentação vigente.

O reembolso poderá ser substituído pela concessão ao consumidor da opção de receber crédito de valor maior ou igual ao da passagem aérea, a ser utilizado, em nome próprio ou de terceiro, para a aquisição de produtos ou serviços oferecidos pelo transportador, em até 18 meses, contados de seu recebimento. No caso de cancelamento de voo, o transportador deve oferecer ao consumidor, sempre que possível, como alternativa ao reembolso, as opções de reacomodação em outro voo, próprio ou de terceiro, e de remarcação da passagem aérea, sem ônus, mantidas as condições aplicáveis ao serviço contratado. Nas hipóteses de reembolso e cancelamento, o crédito deverá ser concedido no prazo máximo de sete dias, contado de sua solicitação pelo passageiro. O direito ao reembolso, ao crédito, à reacomodação ou à remarcação do voo previsto na norma independe do meio de pagamento utilizado para a compra da passagem.

Outra importante norma é a *Lei nº 14.046/2020*, dispondo sobre medidas emergenciais para atenuar os efeitos da crise decorrente da pandemia nos setores de turismo e de cultura, dispondo que nos casos de adiamento ou de cancelamento de serviços, de reservas e de eventos, incluídos *shows* e espetáculos, de 1º-1-2020 a 31-12-2021, em decorrência da pandemia da Covid-19, o prestador de serviços ou a sociedade empresária não serão obrigados a reembolsar os valores pagos pelo consumidor, desde que assegurem a remarcação dos serviços, das reservas e dos eventos adiados; ou a disponibilização de crédito para uso ou abatimento na compra de outros serviços, reservas e eventos disponíveis nas respectivas empresas. Estas ocorrerão sem custo adicional, taxa ou multa ao consumidor, em qualquer data a partir de 1º-1-2020, estendendo-se pelo prazo de 120 dias, contado da comunicação do adiamento ou do cancelamento dos serviços, ou 30 dias antes da realização do evento, o que ocorrer antes. Se o consumidor não fizer a solicitação no período, por motivo de falecimento, de internação ou de força maior, o prazo será restituído em proveito da parte, do herdeiro ou do sucessor, a contar da data de ocorrência do fato impeditivo da solicitação.

Merece destaque a *Lei nº 14.181/2021*, chamada Lei do Superendividamento,[8] que, apesar de o tratamento do tema ser de grande importância desde sempre, sua aprovação durante a pandemia é muito bem-vinda, principalmente porque visa a tutelar os consumidores hipervulneráveis,[9] que foram aqueles que mais sofreram perdas em seus rendimentos tendo comprometidas a própria sobrevivência e a de seus familiares, e que irremediavelmente se viram obrigados a contrair empréstimos que significam mais um ônus a ser suportado e que, com a lei, poderá o seu pagamento ser realizado de forma a observar a sua dignidade e a manutenção do mínimo existencial.

Sobre os desacordos surgidos na esfera civil durante a excepcionalidade que vivenciamos, as partes devem, primordialmente, valer-se das técnicas de mediação e de autocomposição, evitando, ao máximo, a judicialização dos conflitos. Somente os interessados poderão avaliar de forma mais apurada as suas necessidades, buscando o equilíbrio e a melhor solução para os problemas que possam surgir, sempre tendo por objetivo alcançar o bem-estar de ambos, primando sempre pela negociação espontânea e livre como um caminho a ser trilhado para alcançar soluções que sejam satisfatórias para todos os envolvidos.

Incertezas são as pedras de toque para esses tempos pandêmicos, ainda que, paulatinamente, estejamos caminhando para uma relativa estabilidade. Mas, definitivamente, algo que sabemos é: nada será como antes!

---

8 O art. 54-A, § 1º, do CDC apresenta o conceito de superendividamento, observe: "Entende-se por superendividamento a impossibilidade manifesta de o consumidor pessoa natural, de boa-fé, pagar a totalidade de suas dívidas de consumo, exigíveis e vincendas, sem comprometer seu mínimo existencial, nos termos da regulamentação".

9 São aqueles que se mostram mais frágeis em relação aos fornecedores e à ação do mercado de consumo, reconhecidamente as crianças, os idosos, os portadores de deficiência, os analfabetos e aqueles que apresentam enfermidades que possam ser manifestadas ou agravadas pelo consumo de produtos ou serviços livremente comercializados e que se mostram inofensivos à maioria das pessoas.

AINDA HÁ TEMPO

Eduardo Corrêa da Silva

Publicitário. Fundador de uma empresa que organiza congressos na área da saúde há quase vinte anos.

Quanto tempo temos dedicado para refletir e nos aprofundar nos conhecimentos que nos dão prazer?

Tenho tido a oportunidade de interagir, conviver e conversar com pessoas notáveis que participam, como palestrantes, nos congressos científicos que organizamos. São médicos, filósofos, antropólogos, psicólogos, juristas e políticos, mentes que interagem entre si e com a plateia de profissionais de saúde em busca de atualização e melhores soluções para seus pacientes.

Há alguns anos, conversando com Adrian Raine, autor do livro *Anatomia da violência*, neurocientista inglês radicado na Filadélfia, especializado no estudo do cérebro de agressores e antissociais, avaliávamos o fato de como uma das capas da revista Time, de 2006, nos afetaria. A famosa revista tem a tradição de eleger a pessoa do ano, publicando a foto do eleito na capa de sua última edição. Ninguém poderia imaginar que a palavra "You" em uma imagem com letras garrafais saindo da tela de um computador, celebrando o fato de que naquele ano milhões de anônimos eram as pessoas do ano, seria um péssimo presságio.

Todos, de uma hora para a outra, passaram a ter voz, opinião e valor por meio das mídias sociais. Criou-se uma euforia, e não se expressar, não comentar tornou-se quase um pecado. Quanto você sabe sobre determinado assunto? Não importa, afinal "você" passou a ser a pessoa do ano e precisa ter opinião sobre tudo e qualquer coisa sempre. Olhando para trás, parece óbvio quais seriam as consequências. Aquela capa de revista disse muito, e no início não percebemos que a Inquisição serviria para todos os lados.

Havia na época pré-Covid-19 uma alegria inebriante. Passamos a ser turistas a fotografar a vida. Lindos registros, novos aplicativos e filtros todos os anos, pressa para comentar nos grupos da família e de amigos e nas páginas dos novos filósofos e blogueiros. Quem poderia imaginar que todo aquele entusiasmo poderia de alguma forma se transformar em cólera e contribuir para desfechos chocantes?

Passaram-se anos e, paralelamente à evolução das redes sociais, grandes esquemas de corrupção em nosso país foram revelados. Roteiros que fazem inveja ao imaginário e à criatividade de diretores de cinema. Prato cheio para todos nós emitirmos nossas opiniões e preenchermos nossas vidas. Somos, agora, conhecedores da matéria, das leis e da Constituição. Funcionamos em grupo, aprendemos com a mídia, não precisamos da formação acadêmica. Estamos prontos para julgar e condenar. Hoje, em uma velocidade incrível, acabamos com a imagem de alguém sem pensar nos prejuízos e efeitos para a pessoa.

Conforme constatou Yuval Harari,[1] as tecnologias vieram para facilitar as nossas vidas, além de valorizar a pesquisa e o conhecimento. Mas, de certa forma, temos nos sabotado perdendo a oportunidade de evoluir como espécie, desperdiçando o tempo livre que teoricamente teríamos na pandemia para ler, refletir ou simplesmente desfrutar do ócio criativo tão valorizado por Domenico De Masi. Deveria ter nos sobrado horas dos deslocamentos, viagens de negócios e dos cafés nos corredores (estes, confesso que sinto falta) para cada "você" imaginar um mundo melhor, realizar o sonho que sempre teve, escutar uma música ou ligar para um amigo... Poderíamos ter olhado mais para os outros, em vez de fixar nossos olhos nas telas. A sociedade poderia ter se tornado mais colaborativa, humana e solidária. Mas gastamos as nossas vidas com futilidades, em grupos de WhatsApp, confrontando quem tem opinião divergente da nossa.

Em maio de 2020, realizamos um evento digital com o tema "Corrupção, pandemia e poder". Neste encontro *on-line*, lembro-me de que havia na frutífera discussão esperança e expectativa de que sairíamos melhores desta pandemia e da experiência traumática que todos enfrentaríamos. Os três palestrantes achavam que nos tornaríamos mais unidos e altruístas. Àquela altura, é claro, ninguém imaginava

---

1 Yuval Noah Harari, historiador israelense, autor do livro *Sapiens*, e Domenico De Masi, sociólogo italiano, autor do livro Ócio criativo, participaram de eventos organizados pela nossa empresa.

tudo que estaria por vir. Hoje, além de juristas e advogados, tornamo-nos todos cientistas.

Como "O homem é o lobo do homem",[2] não sairemos desta situação julgando uns aos outros, cerrando fileiras e defendendo posições. Ainda há tempo para a cura, precisamos urgentemente "vacinar" as pessoas, todos nós, "os inocentes", com um único medicamento transformador: a Educação. Somente com ela mudaremos nossa forma de agir e voltaremos a valorizar generosidade, respeito e empatia. Aí sim, estaremos livres do maior vírus de todos: a soberba dos ignorantes.

---

2 Frase tornada célebre pelo filósofo inglês Thomas Hobbes.

TEMPOS INTERESSANTES DE UM LUGAR NO MUNDO

Eva Evangelista de Araújo Souza

Desembargadora do Tribunal de Justiça do Estado do Acre (TJAC). Coordenadora estadual das Mulheres em Situação de Violência Doméstica e Familiar do TJAC. Professora aposentada do Curso de Direito do Centro de Ciências Jurídicas e Sociais da Universidade Federal do Estado do Acre (UFAC).

Na obra *Entre o passado e o futuro*, Hannah Arendt afirma que, para ser livre, o homem precisa de um lugar no mundo.[1] O lugar, onde emprego esforços, pensamentos e energia para o exercício da jurisdição e dos programas sociais, ontem e hoje, contempla a população do estado do Acre, em especial os mais necessitados, moradores das periferias das cidades, a população rural formada por agricultores, trabalhadores rurais, ribeirinhos, seringueiros, crianças e adolescentes, jovens, os indígenas e as mulheres (presidiárias, inclusive), em situação de violência doméstica e familiar, parcela invisível da sociedade e das políticas publicas, do acesso

---

1 ARENDT, Hannah. *Entre o passado e o futuro*. Trad. Mauro W. Barbosa de Almeida. São Paulo: Perspectiva, 2003.

à justiça, sobreviventes da realidade causada pelo distanciamento físico e institucional resultado da indiferença e da falta de compaixão.

Com a memória voltada aos meus 46 anos de exercício da magistratura – destes, 36 na segunda instância da judicatura no Tribunal de Justiça do Estado do Acre (instalado em 15 de junho de 1963) –, conforta a dedicação de companheiros(as) de jornada, de juízes(as) revelando compromisso com suas unidades judiciárias, por vezes abrangendo municípios de comarcas somente alcançadas pelos rios ou avião de pequeno porte, com olhar diferenciado ao cidadão dessa parte da Amazônia ocidental, o torrão acreano conquistado pelos nordestinos comandados pelo gaúcho Plácido de Castro pela Revolução Acreana.

Embora um dos primeiros tribunais a oferecer 100% dos processos em formato eletrônico, existiu um tempo, não muito distante, em que os servidores trabalhavam de forma artesanal, montando os processos, escrevendo à mão, datilografando e encadernando as folhas. Então, a companheira de labor do servidor e do julgador para a lide era a máquina Olivetti e os sonoros estalidos das alavancas, acionadas por teclas pesadas, batendo na fita que transferiam as letras para o papel preso no cilindro que a cada toque mudava de posição para, de forma calculada, formar palavras, frases e textos. Um barulho ruidoso que, com a evolução da tecnologia, passou, aos poucos, a disputar espaço com o telefax, de barulho estridente ao ser acionado pelo sinal enviado a quilômetros de distância, pela linha telefônica, em que um aparelho emissor remetia documento escrito para outro aparelho receptor.

Também a rememorar a forma artesanal em que os processos de papel eram costurados. Sentenças, a instrução processual, as audiências e decisões eram datilografadas na máquina manual Olivetti. Posteriormente elétrica.

Sem dúvida, inconteste o salto tecnológico da máquina de escrever, do telefax, do computador, da internet e da digitalização dos processos, e a influência no desenvolvimento do trabalho das unidades judiciárias.

Certo é que o processo de instrumentalização tecnológica do Judiciário já era uma realidade e os esforços caminhavam nesse sentido, mas a pandemia da Covid-19 (*coronavirus disease*) acelerou o passo e encurtou a expansão do processo judicial eletrônico, agora denominado de processo 100% digital ou Justiça 5.0.

Contudo, o acesso à justiça, considerado direito fundamental de quarta geração, com assento em uma variada gama de dispositivos constitucionais (arts. 1º, II e III; 2º; 3º; 5º, XXXIV, XXXV, XXXVI, XXXVII, XXXVIII, XXXXIX, XL, XLV, XLVI, LIII, LIV, LV, LVI, LVII, LXI, LXII, LXVIII, LXIX, LXX, LXXI, LXXII, LXXIII, LXXIV, LXXV, LXXVII, LXXVIII; e 92 a 126, entre outros, da CF/1988), deve representar a busca permanente de todos que integram o sistema de justiça.

Embora com a admiração e o reconhecimento aos benefícios introduzidos pela tecnologia em suas mais diversificadas formas do conhecimento humano, notadamente da comunicação, o anseio e a sofreguidão digital não devem sobrepor a humanidade dos integrantes da magistratura e de seus servidores diante do compromisso com as pessoas da capital do estado, Rio Branco, e daquelas dos municípios e lugares mais remotos do Acre.

Em outros termos, conquanto vivamos em tempos de larga difusão dos meios tecnológicos e de verdadeira disrupção, não podemos perder a sensibilidade e a empatia com os setores da sociedade que, mesmo antes dessa profusão digital, não poderiam ser considerados incluídos no sistema de justiça brasileiro. É uma inferência lógica de que se não o eram antes, não serão a internet e os avanços tecnológicos dela decorrentes, *per si*, que alterarão essa realidade como em um toque de mágica, ainda que alavancados pela pandemia mundial ora vivenciada.

Nessa perspectiva, dados extraídos da rede mundial de computadores revelam a existência dos denominados "excluídos digitais", ou seja, parcela da população brasileira que sequer têm acesso à internet. Ao que consta, ¼ dos brasileiros estão considerados nessa condição, veja:

De acordo com o último estudo TIC domicílios, de 2019, produzido pelo Centro Regional para o Desenvolvimento de Estudos sobre a Sociedade da Informação (Cetic.br), vinculado ao Comitê Gestor da Internet no Brasil, 134 milhões de brasileiros ou 74% do total acessaram a internet nos últimos três meses.

Em outras palavras, isso significa que 26% dos brasileiros ou aproximadamente 47 milhões de pessoas simplesmente nunca acessaram a rede mundial de computadores. São os excluídos digitais – e que dificilmente deverão ingressar na lista de consumidores do comércio eletrônico nos próximos meses ou até anos.[2]

---

2 Disponível em: <https://www.consumidormoderno.com.br/2021/02/22/excluidos-digitais-acesso-internet/amp/>.

Por seu turno, de acordo com o Mapa das Desigualdades Digitais no Brasil, produzido em parceria pela Rede de Informação Tecnológica Latino-Americana (RITLA), Instituto Sangari e o Ministério da Educação (MEC),[3] o estado do Acre, a contar com uma população estimada de 894.470 habitantes (dados do IBGE),[4] ocupa o incômodo 6º lugar no índice das desigualdades digitais, conforme a tabela 6 daquele mapeamento.

Por isso, compreendo que laborou bem o Conselho Nacional de Justiça[5] ao expedir a novel Recomendação nº 101, de 12-7-2021,[6] que considera a existência dos excluídos digitais e procura garantir uma transição entre a total digitalização dos processos judiciais e o atendimento presencial dessa população que não tem acesso aos meios de comunicação digitais e/ou não tenha possibilidade ou conhecimento para utilizá-los. A propósito dessa recomendação, destaco a redação de seu art. 2º, com vênia:

> Art. 2º Recomenda-se aos tribunais brasileiros disponibilizar, em suas unidades físicas, pelo menos um servidor em regime de trabalho presencial durante o horário de expediente regimental, ainda que cumulando funções, para atendimento aos excluídos digitais, a fim de garantir o amplo acesso à justiça, efetuar o encaminhamento digital dos eventuais requerimentos formulados e auxiliar o jurisdicionado naquilo que se revelar necessário.

Ainda assim, o acesso à Justiça não pode ser concebido unicamente como acesso aos prédios de fóruns ou a processos, ou ao direito de litigar em juízo. Vai além disso, porque é consabido que parcela da população das cidades e aquela distanciada de fóruns e juizados não são atendidas em suas demandas básicas.

Nesse aspecto, necessário mencionar experiências bem-sucedidas do judiciário acreano com o programa social denominado Projeto Cidadão, realizado há mais de 25 anos, e a Justiça Comunitária, a partir de 2002. Trata-se, na verdade, de políticas públicas de Estado que o Judiciário deve institucionalizar para conferir aos cidadãos o verdadeiro acesso à Justiça preconizado na Constituição Federal.

---

3 Disponível em: <http://www.clam.org.br/bibliotecadigital/uploads/publicacoes/1285_1680_desigdigitalbrasil.pdf>.

4 Disponível em: <https://cidades.ibge.gov.br/brasil/ac/panorama>.

5 Disponível em: <https://www.amb.com.br/cnj-atende-sugestao-da-amb-para-garantir-acesso-justica-para-46-milhoes-de-cidadaos/>.

6 Disponível em: <https://atos.cnj.jus.br/files/original18510220210714 60ef3216bda0d.pdf>.

Ademais, o movimento de ir até o cidadão e assegurar não apenas direitos, mas também voz, reduz a distância do Poder Público. É certo que esse estado de coisas, ou seja, o contato direto com a sociedade, digitalização alguma deve alterar, em qualquer de seus níveis (4.0, 5.0, 5.1 ...).

De essencial, da experiência dessa magistrada, extraída das inúmeras viagens ao interior do estado do Acre desde 1975 e do contato direto com as populações menos abastadas, fica demonstrado que temos ainda muito a entregar para a sociedade em termos materiais, antes de oferecer a promessa do processo digital. E amplio a percepção de que esse dever de entrega não é apenas do Poder Judiciário, mas de todos os atores políticos, em um esforço conjunto, planejado e necessário, por vital para uma existência livre e digna.

Por ora, volvendo o olhar para o passado a centrar no presente e no futuro para, enfim, concretizar a entrega das promessas constitucionais assentadas em nossa Carta da República como mero dever-ser, democratizando materialmente o acesso à Justiça, para então, depois, falar de integral acesso digital. Por enquanto, o chamado processo 100% digital, a Justiça 5.0, não passa de um ensaio, que não contempla em sua inteireza a população do país diante da expressiva parcela digital excluída. Não há contemporizar nesse aspecto ou admitir sobressaltos ou atalhos, mesmo porque a magistratura somente atinge a plenitude quando voltada a todos, em igualdade de condições, em especial à parcela da população invisível dantes referida.

Eis as percepções que extraio de uma longa vivência na magistratura de carreira, na Amazônia, no Acre, um estado da federação que completará 60 anos em 2022, mas com uma história densa, de nordestinos, os fortes, no dizer de Euclides da Cunha, atraídos pelo "ouro negro", a extração do látex, que remonta ao século XIX.

Verdadeiramente importa, parafraseando o apóstolo Paulo, prosseguir para o alvo, combater o bom combate, acabar a carreira e, sobretudo, guardar a Fé (2 Timóteo 4: 7-8). Tempos melhores virão de Justiça e Paz Social.

FILTRO SOLAR

Felipe Souza

The real troubles in your life
Are apt to be things that never
crossed your worried mind
The kind that blindsides you at 4
p.m. on some idle Tuesday.
(Trecho da canção *Sunscreen*, de Baz Luhrmann)

Pude sentir o cheiro de terra molhada, mas não estava preparado para a tempestade. Poucos dias antes da primeira morte por Covid-19 em nosso país, ocorrida no dia 17-3-2020, estive em Nova York. Tudo estava normal na cidade *that never sleeps*, exceto pela temperatura, acima da esperada para os últimos dias de inverno. Havia mascarados entre os asiáticos, coisa tão comum quanto esquilos no Central Park. Não me recordo de máscaras à venda como produto de primeira necessidade. Naquele momento, ainda não sabia, mas, nas semanas seguintes, as ruas de Manhattan não mais presenciariam o incessante ir e vir em sua extensão. O mundo jamais seria o mesmo.

O dia 17 foi, em boa parte, apenas uma terça-feira qualquer. Até então, a canção *Sunscreen* não havia se tornado verdadeira profecia. Hoje, sei disso, os verdadeiros problemas surgem sorrateiramente em uma terça-feira ociosa. Tivemos outras pandemias, mas distantes da minha realidade, em livros de história e roteiros de Hollywood. Jamais em uma terça-feira ensolarada, com tantos compromissos pendentes – no final daquele dia e nos meses seguintes, muitas das minhas urgências perderiam o sentido. Soube da primeira morte enquanto dirigia, pelo rádio, a caminho de uma Câmara de Dirigentes Lojistas. Estacionei o carro, peguei uns documentos no banco do carona e fui até a porta da

CDL, onde tive meu primeiro contato efetivo com a pandemia. Uma funcionária, já mascarada – a primeira que vi –, disse que o expediente estava suspenso.

– *Morreu uma pessoa de coronavírus, não soube?*

Não me recordo qual foi minha resposta ao questionamento, feito em tom de obviedade. Sim, sabia da primeira morte, mas não conhecia o mundo dos meses seguintes. Mesmo após ter viajado por muitos países, *ebola*, *gripe suína* e *coronavírus* pareciam problemas de terras distantes, de uma guerra que não me pertencia. É uma afirmação egoísta, sei disso. Milhares de pessoas foram mortas por essas doenças, mas estava preocupado com urgências tangíveis, como entregar uns documentos na CDL, compromisso que havia adiado nas semanas anteriores. Tragédias ocupam as páginas dos jornais diariamente, mas dessa vez foi diferente. Eu, você e toda a humanidade protagonizamos a manchete. Não havia mais terras distantes.

Nas horas seguintes, o pânico tomou conta. Por não aguentar mais ouvir a respeito do assunto, guardei um tempo para mim, distante, principalmente, das redes sociais. Pode parecer negacionismo, mas não quis, como um típico *aspie*, frustrar diagnósticos. Habito um mundo literal, condição que me faz viver em inevitável ceticismo. Por não ter bons filtros, gerencio com cautela as informações obtidas e, na dúvida, quando algo parece errado, fora do lugar, repudio sumariamente. Foi o que fiz com as primeiras notícias e o frenesi por elas provocado. À noite, ainda no dia 17 – dias trágicos são intermináveis! –, durante a novela das oito, uma voz grave irrompeu o diálogo dos autores. Naquele instante, vivi minha primeira crise de pânico durante a pandemia.

É interessante como nosso cérebro distorce as recordações. Busco em minhas memórias as exatas palavras do aviso, mas não consigo. Recordo-me, foi dito que não haveria novos capítulos da novela em razão do isolamento social. Provavelmente, foi algo simples, de uns poucos segundos, mas revivo aquele momento de uma forma que, tenho certeza, não condiz com a realidade. Enquanto a poderosa voz do locutor alertava sobre os riscos da pandemia, sirenes antibomba tocavam ao fundo, como aconteceu no falso alerta de míssil no Havaí, em 2018. Não foi a última vez que fui atingido por essa *esquizofrenia pandêmica*. Nos últimos meses, em mais de uma oportunidade, questionei-me sobre minha saúde mental.

Nas primeiras semanas, recebi a pandemia apenas como um importuno evento. Fiquei irritado quando não pude entrar em um supermercado sem máscara. Hoje, quando não a estou usando, sinto-me nu, mas não tivemos um bom relacionamento naqueles dias finais de março de 2020. Quando tudo acabar, não sei o que farei das máscaras que possuo. Um dia, no passado, disse que as queimaria, mas não posso mais repetir a afirmação. Não sei se consigo dispensá-las após tudo o que vivemos. Gosto do conforto por elas proporcionado, da sensação de privacidade ao cobrir parte de quem sou. Provavelmente, serei um dos últimos a deixar de usá-las.

Com o passar do tempo, a máscara e todo o inconveniente provocado pela pandemia deram espaço para outros problemas. Embora funcionário público, tenho remuneração proporcional ao tempo trabalhado, em um sistema de produtividade. Em consequência da diminuição da carga de trabalho, senti-me devedor de Shylock. A preocupação com minha saúde financeira fez que meu corpo reclamasse. Pressão alta, queda de cabelo e aumento de peso são *souvenirs* que carrego da pandemia, mas espero deles me livrar um dia. Busco conforto em histórias de superação, de quem fez uma limonada de toda essa tragédia.

Seja qual for sua raça, origem ou religião, a pandemia mudou sua vida, de uma forma ou de outra. Ainda que este texto seja lido no centenário dessa amostra do apocalipse, posso afirmar: sua vida foi atingida pela Covid-19, assim como a minha (e também a sua) foi atingida pela Segunda Guerra Mundial e por outros pontos de ruptura históricos. Não há como permanecer indiferente a eventos dessa magnitude. No entanto, embora imperceptíveis por quem as vive, as catástrofes são fonte geradora de bons frutos. Sem as grandes guerras, não teríamos um maior respeito à dignidade humana. Ademais, boa parte da tecnologia atualmente utilizada é oriunda de esforços para exterminar civilizações inimigas.

Da pandemia, apesar das constantes agressões entre as pessoas – em especial, em nosso país, em razão do maniqueísmo político entre esquerda e direita –, tenho por fruto a capacidade de resistir. Vivemos a era do *cancelamento*, mas também da *resiliência*, palavra com efeitos terapêuticos em tempos tão difíceis. Nós, os sobreviventes, deixaremos o campo de batalha em farrapos, embora mais fortes. Enfrentaremos outras lutas, porém conhecedores dos nossos limites, das nossas prioridades quando tudo parecer perdido. Você, que lê este texto no futuro, não se afaste das seguintes palavras: o avanço tecnológico nos torna mais fortes, mas não afasta nossa fragilidade. Esteja pronto para enfrentar o impensável, em uma terça-feira qualquer, como diz a canção *Filtro solar*.

Como um legítimo sobrevivente, deixo uns poucos conselhos. O primeiro: aproveite os tempos de paz, de tranquilidade. Até mesmo as coisas mais ordinárias, quando perdidas, fazem falta. O segundo: esteja preparado para tempos difíceis. Mantenha reservas financeiras para momentos em que a sua vida dependerá exclusivamente de dinheiro. Por fim, o terceiro: aproveite sua família e as pessoas ao seu redor. Até mesmo aquela pessoa distante, com quem você não mantém mais contato, pode fazer falta. Digo por experiência própria. A pandemia levou um primo distante, com quem pouco falava. Quando soube da sua morte, não imaginei que sentiria tanta saudade, pois não tínhamos muito contato. Contudo, não há um único dia em que não pense o quanto gostaria de uma última conversa, de uma oportunidade para dizer o quanto sua existência foi importante para mim. Em sua homenagem, adoto seu nome como pseudônimo ao assinar este texto.

Filtro solar

PERCEPÇÕES SOBRE O CONTEXTO PANDÊMICO DE 2020

Fernanda Tartuce

Doutora e Mestra em Direito Processual pela Universidade de São Paulo (USP). Professora no programa de mestrado e Coordenadora em cursos de especialização na Escola Paulista de Direito (EPD). Presidente da Comissão de Processo Civil do Instituto Brasileiro de Direito de Família (IBDFAM). Vice-Presidente da Comissão de Mediação do Instituto Brasileiro de Direito Processual (IBDP). Diretora do Centro Avançado de Estudos Processuais (CEAPRO). Membro do Instituto dos Advogados de São Paulo (IASP). Advogada orientadora do Departamento Jurídico XI de Agosto. Mediadora e Autora de publicações jurídicas.

O ano de 2020 começou de maneira bem interessante: em janeiro, cumpri a programação de ir a Londres e na sequência à Irlanda para conhecer Dublin e Limerick; nesta última cidade, ministrei uma conferência universitária.

Escutei a primeira notícia sobre um novo vírus que causava furor poucos dias antes da viagem, mais precisamente em 24-1-2020. Em uma loja de produtos médicos, ouvi que os estoques de máscaras N95 escasseavam; perguntei por que, responderam-me que um vírus contagioso estava gerando estragos em diversos países. Perguntei: será que devo comprar máscaras? Segundo o vendedor, sim. Só que a resposta positiva a questões como esta é presumivelmente esperada de qualquer lojista... Na dúvida, segui minha intuição e adquiri três unidades. Senti-me logo depois muito precavida – até demais, já que não as usei na viagem nem vi pessoa alguma usando máscara nem mesmo nos aeroportos pelos quais passei.

Na saída da Europa, que se deu também por Londres em 9-2-2021, havia adicionais menções ao novo vírus potencialmente danoso. Uma amiga tentou comprar máscaras, mas não conseguiu; dei-lhe então uma das minhas – que nem chegou a ser usada. Não parecia ainda necessária...

Chegando ao Brasil, engajei-me nos compromissos profissionais. O vírus, embora bastante mencionado na mídia, ainda parecia objeto de expectativas alarmistas que não se confirmariam aqui. Parecia mesmo ou desejávamos que parecesse?

O carnaval transcorreu entre 22 e 25-2-2020 com as naturais aglomerações em blocos e escolas de samba – assistidos por mim de longe, já que os festejos de momo não são minha festa favorita.

Em 26-2-2020, quarta-feira de cinzas, a mídia reportou que o Brasil tinha seu paciente número 1 de Covid-19, um homem que tinha ido à Itália e, no retorno, reuniu-se com trinta familiares. Lembro-me de piada mencionando que ele realmente deveria estar doente: quem chega de uma longa viagem e se reúne imediatamente com tantos membros da família? Todos foram colocados em observação.

Na sexta-feira 28-2, voei a Porto Alegre para participar de uma banca de mestrado na Pontifícia Universidade Católica do Rio Grande do Sul (PUCRS) e ministrar um curso; voltei sábado 29-2 (2020 foi um ano bissexto) para São Paulo.

Mal poderia imaginar que esta seria a minha última viagem aérea por um bom tempo, mais de um ano e meio... e segue contando. Eu nem imaginava que a próxima viagem programada – para Harvard, onde falaria sobre mediação em um evento memorável – não mais ocorreria.

No início de março, vieram notícias sobre centenas de suspeitas; os casos confirmados eram de pessoas que haviam viajado para outros países, o que ainda gerava alguma tranquilidade.

Até que em poucos dias soubemos que havia registros no Brasil de transmissões comunitárias (de pessoas que não haviam viajado). Começavam então novos aprendizados em diversos níveis; começamos a ouvir cada vez mais as expressões *quarentena, distanciamento, isolamento*...

Em 11-3-2020, a Organização Mundial da Saúde (OMS) declarou a pandemia de coronavírus. A situação na Europa escalava para um cenário grave, mas no Brasil a vida seguia normalmente; continuei dando aulas presenciais, escrevendo e comparecendo a compromissos diversos até 20-3-2020. Mas já assistia, atordoada, notícias sobre o contexto pandêmico em outros países.

Parecia surreal o cenário – sobretudo o de guerra nos hospitais; a humanidade, tão avançada em conhecimentos, sucumbia a uma ínfima partícula apta a causar incomensuráveis estragos. Como isso podia ser possível?

O Brasil estava atrasado duas semanas em relação aos países da Europa e dos EUA. Assistíamos, perplexos, aos estragos causados por lá, sem poder/querer crer que os alcançaríamos e viveríamos situações semelhantes – no fim, até piores... afinal, a desigualdade e a vulnerabilidade que perpassam a realidade de milhões de brasileiros só podiam mesmo resultar em assombrosas experiências

No dia 20-3-2020 houve o anúncio de fechamento maciço na capital paulista; fiz um último passeio no parque próximo de casa com meu marido antes do fecho. Anotei na agenda, em 21-3-2020, na cor cinza (destinada a assinalar os compromissos menos interessantes, como o pagamento de tributos), a expressão *início do confinamento*. Imaginava que em até 40 dias (fim da propalada *quarentena*) escreveria *fim* na cor rosa. Ledo engano...

A partir daí, vi o estilo de vida que estruturei nos últimos anos ser intensamente desmontado. Estar em casa todo o tempo nunca foi objeto de escolha voluntária; transitar, interagir, variar estímulos e conviver com diversas pessoas sempre foram conjugados com natural preferência.

Mas o imprevisível vírus foi manifestando cada vez mais seu poder de limitar movimentos e expor vulnerabilidades.

Pesquisei sobre pandemias, recordei livros e filmes, conversei muito sobre a situação... mas ainda vivia momentos de negação, custando a crer no surreal quadro de restrições e na perda da amada liberdade de ir, ser e estar segundo diferentes perspectivas e multifacetadas possibilidades.

Apesar disso, sentia-me grata por estar segura e saudável, com plena aptidão para me dedicar às necessárias adaptações ensejadas pela pandemia. Ambivalência foi, definitivamente, uma das sensações que pautaram o ano de 2020.

Inicialmente, ouvi que a natureza agradecia a pausa que os humanos estavam dando e que as pessoas aprenderiam a priorizar os valores imateriais, em vez de continuarem a se dedicar tanto aos bens tangíveis. Duvidei seriamente dessas afirmações.

Há algum tempo aderi à ideia de Ariano Suassuna ao me reconhecer não como otimista ou pessimista, mas como realista esperançosa. Só que o panorama mundial mostrava que a esperança precisava definitivamente vencer muitos medos – algo árduo nos tempos atuais, em que o imediatismo e o individualismo acabam prevalecendo em muitos níveis.

A estagnação econômica sentida já em abril de 2020 gerou muitos receios. Ouvi de uma editora que não havia como imprimir livros, já que o material disponível no mercado estava sendo prioritariamente direcionado para a produção de papel higiênico – primeiro produto a esgotar em supermercados em todo o mundo. Este fato, aliás, despertou dúvidas sobre a razão de sua ocorrência. Convenceu-me a explicação de que ter um volumoso fardo de papel na mão concretizaria para certas pessoas a percepção de estar preparado para intempéries adiante.

Por outro lado, ver milhares de pessoas privadas de itens básicos à sobrevivência causou-me consternação e preocupação. Vi na mídia muitas menções às pessoas vulneráveis. Comecei a estudar o tema em 2008 para escrever minha tese de doutorado na USP (*Igualdade e vulnerabilidade no Processo Civil*). Decidi atualizar o livro: fiquei impressionada em como o tema cresceu em importância e, infelizmente, em ocorrências. Se, por um lado, dar visibilidade é essencial para que possamos pensar em superações, por outro, ver que há tantas pessoas suscetíveis a intempéries (não só climáticas) é de cortar o coração. Ajudar ao máximo, na medida do possível, precisa continuar sendo a tônica.

No plano micro, as adaptações para trabalhar em casa ocuparam muito tempo. A empresa do meu marido adotou o sistema *home office* e ele ocupou o lugar que eu geralmente utilizava. Fiquei errante pela casa, buscando variar de ambientes e espaços até finalmente, em agosto de 2020, montar um segundo escritório. O quarto que servia como academia para treinos *on-line* e era o ambiente de interações ao vivo em redes sociais (*lives*) tornou-se definitivamente o meu escritório. Investimos em móveis, equipamentos e até em uma cadeira com ergonomia especial para que as dores lombares não atrapalhassem demais.

O trabalho invadiu nossa casa... as opções externas passaram a praticamente inexistir até julho de 2020, quando finalmente os parques e algumas atividades (como academias, salões e lojas) reabriram; mas como todo cuidado seguia sendo necessário, tirar férias não parecia uma boa ideia.

Como resultado, o trabalho angariou adicionais horas de dedicação – mais do que eu apontaria como desejáveis, se perguntada antes. Não me lembro de ter revisado tanto meus livros e escrito tantos artigos como em 2020 – além de participar de muitos eventos *on-line*, incontáveis *lives*... e até tentar construir entendimentos sobre vivências jurídicas adaptadas.

No contexto pandêmico, houve decisões e recomendações de Tribunais, seguidas da promulgação de um dispositivo legal reconhecendo a prisão domiciliar como regime apropriado para devedores de pensões alimentícias. "Quebrei a cabeça" alguns dias pensando: como a parte credora pode atuar para ter maior eficiência no recebimento? Respondi assim: é possível considerar a conversão e a flexibilização de procedimentos em execução e cumprimentos de sentença para receber alimentos. A credora pode começar o procedimento judicial requerendo prisão; sendo esta insuficiente para que o devedor pague, ela poderá requerer a mudança para o regime da penhora – sem prejuízo de depois voltar a requerer prisão. Sob o prisma legal, não há limite: o sistema normativo é pautado por um bom nível de flexibilidade procedimental. Iniciei expondo essa ideia em palestras e aulas, registrei-a na 6ª edição do meu livro *Processo civil no direito de família*: teoria e prática (finalmente publicada, após duas revisões e superada a indisponibilidade de materiais)... e aos poucos vi advogados requerendo e julgadores reconhecendo a possibilidade.

Estudei muito também para aprimorar a docência e outras interações (como reuniões) no formato remoto. Pulsou vivamente a sensação de ser obrigada a olhar detidamente para os meios eletrônicos e adotá-los, ainda que não constituíssem a opção preferida: precisei aprender a usar diferentes mecanismos digitais enquanto lidava com dilemas e angústias inerentes ao árduo momento vivenciado. Precisei rever o preparo da 6ª edição do meu livro *Mediação nos conflitos civis* (escrito desde 2007 pensando no formato presencial) para contemplar como as sessões consensuais *on-line* poderiam ocorrer com maior proveito.

Aprendi diversas lições em 2020. Registro algumas delas agora antes que finde o generoso espaço disponibilizado para este artigo:

1. A decisão de adiar certos ajustes pode ser objeto de arrependimento caso algo inesperado surja e o reparo se torne inviável depois.
2. Como bem disse o poeta Cazuza, o tempo não para – embora às vezes pareça que sim; a cada momento, a dinâmica da vida traz oportunidades de novos aprendizados, ainda que sejam necessárias algumas adaptações.
3. Conversar com três grandes amigas em sessões semanais de quatro horas foi um bálsamo essencial para ajudar a cuidar do astral nesses tempos.
4. Falar (por áudio e/ou vídeo) com pessoas especiais é uma atitude importante nesse tempo em que preponderam mensagens e áudios.
5. Chorar de vez em quando gera alívio e nos conecta com nossa humanidade.
6. Atividade física faz mesmo positiva diferença – conseguir cumprir a antiga meta de treinar de cinco a sete vezes por semana, ainda que no formato *on-line*, vale muito.
7. Fazer as pazes com a alimentação e me livrar da mentalidade de dietas (acumulada há décadas) foram iniciativas difíceis, mas que valeram muito também.
8. Conseguir meditar é viável, desde que você separe um tempo na agenda para isso – dez minutos já ajudam bastante.
9. Treinar é essencial para praticamente tudo na vida.
10. Mentalidades são árduas de mudar e não é meu dever conseguir que as alterações sejam implementadas em certo período. Como diz a canção do Legião Urbana, temos nosso próprio tempo.

AS RELAÇÕES DE CONSUMO DURANTE A PANDEMIA

Fernando Capez

Procurador de Justiça do Ministério Público de São Paulo. Mestre pela Universidade de São Paulo (USP). Doutor pela Pontifícia Universidade Católica de São Paulo (PUC-SP). Foi presidente da Assembleia Legislativa de São Paulo e Secretário Extraordinário de Defesa do Consumidor do Estado de São Paulo. Atualmente é Diretor-Executivo do Procon-SP.

A pandemia do Coronavírus fixou novo paradigma da sociedade contemporânea.

O mundo terá que enfrentar suas consequências e, provavelmente, assistiremos a uma mudança comportamental, social e econômica da sociedade, com enormes repercussões na esfera jurídica.

Dada sua imprevisibilidade, juridicamente o fenômeno classifica-se como caso fortuito. Ninguém, na passagem de 2019 para 2020, poderia antever a tragédia humanitária, sanitária e econômica que estava por vir. Além de imprevisível, trata-se de evento incontrolável, ou seja, ainda que tivesse sido previsto, não teria como ser evitado. Força maior também, portanto.

Nos termos do Código Civil, o caso fortuito e a força maior provocam a resolução do contrato em vigor, sem obrigação de perdas e danos por nenhuma das partes.

No mesmo sentido, José Fernando Simão,[1] para quem, por se tratar de uma pandemia viral imprevisível e incontrolável pelas forças da natureza, a tendência é classificarmos tal acontecimento como caso fortuito ou força maior, incidindo a regra do art. 393 do CC/2002.[2]

Não é essa, contudo, a regra a reger a hipótese, uma vez que a melhor maneira de promover o enfrentamento deste drama, seja do ponto de vista jurídico, seja sob o prisma econômico, é manter em vigência os contratos afetados, sob pena de provocar paralisação total das atividades e desemprego em massa.

O caminho ditado pelo senso de razoabilidade é a aplicação da Teoria da Imprevisão, também prevista na legislação civil, bem como no Código de Defesa do Consumidor, com a adoção da cláusula *rebus sic stantibus*, e, com isso, restabelecer os mesmos níveis de paridade existentes ao tempo da celebração do ajuste. Nesse ponto, nossa visão coincide com a do professor José Fernando Simão.

Há muito os doutrinadores debruçaram-se no debate acerca da distinção entre os institutos. Conforme Orlando Gomes,[3] a teoria objetiva de caso fortuito caracteriza-se *pela imprevisibilidade ou irresistibilidade do evento determinante da impossibilidade de cumprir a obrigação*. A teoria subjetiva, por sua vez, considera a *ausência de culpa, quaisquer que sejam os elementos intrínsecos do fato*.

Posteriormente, a teoria objetiva subdividiu-se. O caso fortuito ficou caracterizado pela *imprevisibilidade* do acontecimento – *cui praevidere non potest* – e a força maior, pela *irresistibilidade* – *vis cui resist non potest*.

Se é verdade que, em 2020, o argumento da *imprevisibilidade e irresistibilidade* foi validamente acolhido, com o passar do tempo e a ampla cobertura da mídia, a devastadora doença já não era mais desconhe-

---

1 SIMÃO, José Fernando. *O contrato nos tempos do Covid-19*: esqueçam da força maior e concentrem na base do negócio. São Paulo: Conjur, 2020.

2 Art. 393 do CC/2002: O devedor não responde pelos prejuízos resultantes de caso fortuito ou força maior, se expressamente não se houver por eles responsabilizado.

3 GOMES, Orlando. *Obrigações*. Rio de Janeiro: Forense, 2005.

cida, tampouco seus deletérios efeitos econômicos e jurídicos. Com isso, os novos contratos já nasciam sob a influência da nova realidade.

Na passagem para 2021, vários veículos de comunicação noticiavam o *lockdown* decretado pelo governo chinês e a construção, a toque de caixa, de hospitais para o atendimento de infectados com síndrome respiratória aguda grave.

Diante de tais circunstâncias, a tese da *imprevisibilidade e irresistibilidade* foi perdendo força no sentido de autorizar a extinção pura e simples dos contratos. De igual forma, as medidas restritivas de circulação de pessoas adotadas pelos governos estaduais e municipais no Brasil não impossibilitaram por completo a execução do contrato, mas, em sua grande maioria, o dificultou. A prestação continuou exequível, todavia, de forma mais custosa ao devedor.

Não restam dúvidas, porém, de que o surto de coronavírus trouxe desequilíbrio aos contratos firmados antes de sua existência, especialmente nos de execução prolongada. Trata-se de fato superveniente ensejador de revisão contratual, mas não pelo art. 393 do CC/2002.

A questão deve ser enfrentada com base na Teoria da Imprevisão.

Como bem elucidado por Flávio Tartuce e Daniel Morim Assumpção Neves, no *Manual de direito do consumidor*: direito material e processual,[4] em obediência ao princípio da função social dos contratos, o ordenamento jurídico pátrio sempre buscou a manutenção do *ponto de equilíbrio do negócio* ou a *equivalência material contratual*, vedando a onerosidade excessiva para uma das partes e o enriquecimento ilícito para a outra, autorizando, nesses casos, a revisão do pacto.

Entretanto, não podemos tratar todos os contratos de forma uniforme, desconsiderando as especificidades que a própria legislação fez questão de reforçar. Existem diferenças no trato da revisão contratual no Código Civil e no Código de Defesa do Consumidor.

O Código de Defesa do Consumidor disciplina a matéria em seu art. 6º, V,[5] pelo qual é possível constatar que a norma trata da alteração das

---

[4] TARTUCE, Flávio. *Manual de Direito do Consumidor: Direito Material e Processual*/ Flávio Tartuce, Daniel Amorim Assumpção Neves – 7ª edição. Rio de Janeiro: Ed. Forense; São Paulo: Ed. METODO, 2018.

[5] Art. 6º. *São direitos básicos do consumidor. V* - A modificação das cláusulas contratuais que estabeleçam prestações desproporcionais ou sua revisão em razão de fatos supervenientes que as tornem excessivamente onerosas.

circunstâncias iniciais do negócio celebrado, não se confundindo com as hipóteses de vício originário da formação do negócio.

O ponto preponderante na distinção entre a revisão por fato superveniente no Código Civil e no Código de Defesa do Consumidor é a *imprevisibilidade*.

Em obediência ao entendimento doutrinário e jurisprudencial majoritário, o Código Civil adotou a *teoria da imprevisão*, com origem no princípio *rebus sic stantibus*. Diz o art. 317 do CC/2002:

> Art. 317. Quando, por motivos imprevisíveis, sobrevier desproporção manifesta entre o valor da prestação devida e o do momento de sua execução, poderá o juiz corrigi-lo, a pedido da parte, de modo que assegure, quanto possível, o valor real da prestação.

Sem dúvida, assistiremos nos próximos anos a debates sobre a forma mais adequada para a revisão dos contratos que ficaram desequilibrados ou tiveram sua execução dificultada em razão da pandemia do coronavírus. O mais importante é analisar toda a situação com equilíbrio e bom senso na contínua busca do convívio harmônico da coletividade. É o caso de invocar o trinômio proclamado pelos jurisconsultos romanos: não lesar ninguém, viver honestamente e dar a cada um o que é seu.

A composição, a resolução amigável e a transação são formas de resolução de conflitos que se mostram mais eficazes e céleres do que a tradicional jurisdição conflituosa. Em razão da absoluta *extraordinariedade* da pandemia de coronavírus, responsável pela paralisação de quase toda atividade econômica mundial, obrigando os Chefes de Estado a tomar medidas de exceção na busca da contenção de sua disseminação, o prudente operador do Direito deverá priorizar princípios jurídicos de caráter funcional e teleológico, no lugar do tecnicismo hermético.

Além da segurança jurídica, tais princípios jurídicos devem se nortear pela *equivalência material e a boa-fé objetiva*. Na persecução de tais princípios, a regra do *pacta sunt servanda* é mitigado pela *rebus sic stantibus*, possibilitando a revisão contratual em razão de fatos extraordinários supervenientes.

São dois institutos a disciplinar a questão. Levando-se em conta a inaplicabilidade da resolução contratual por caso fortuito ou força maior, encontramos a possibilidade de revisão contratual no art. 317

do CC/2002 (*teoria da imprevisão*), que prescinde que o fato novo seja irresistível, *exigindo, porém, que seja imprevisível.*

Por sua vez, o Código de Defesa do Consumidor, por dar proteção especial a uma das partes do contrato em razão de sua vulnerabilidade (consumidor), adotou em seu art. 6º, V, a *teoria da base objetiva*, que *prescinde que o fato novo seja irresistível ou imprevisível, bastando que seja extraordinário* e altere o desejo intrínseco das partes no momento de sua celebração, que nos parece de utilização preponderante nos contratos atingidos pela pandemia.

MANTENDO (OU TENTANDO MANTER) A ORDEM PÚBLICA NO CAOS DO CAOS

Frederico Afonso Izidoro

Oficial da Polícia Militar do Estado de São Paulo, atualmente no posto de Tenente Coronel. Mestre em Ciências Policiais de Segurança e Ordem Pública. Mestre em Direitos Difusos. Pós-graduando em Direito Constitucional Aplicado. Pós-graduando em Direito Constitucional. Pós-graduado em Direitos Humanos Aplicado. Pós-graduado em Direitos Humanos. Pós-graduado em Gestão de Políticas Preventivas da Violência, Direitos Humanos e Segurança Pública. Pós-graduado em Direito Processual. Bacharel em Direito. Bacharel em Ciências Policiais de Segurança e Ordem Pública. Professor de Direitos Humanos, Direito Constitucional e Direito Administrativo. Foi professor do Complexo Educacional Damásio de Jesus, da Faculdade Zumbi dos Palmares, da Anhanguera Educacional, da Universidade São Francisco, do Centro Universitário Padre Anchieta, da Universidade Municipal de São Caetano do Sul, da faculdade Pitágoras, da faculdade Legale, do Instituto IOB, do Federal Concursos, do FMB, do Robortella, do curso Proordem, do R2 Direito, do IDEJUR, da EBRADI e da Central de Concursos. Atualmente é professor de Direitos Humanos no Gran Cursos e na Escola Superior de Soldados da PMPES. Autor e articulista.

Estou vivo, ou melhor, sobrevivi! No momento em que escrevo este texto, mais de 537 mil pessoas em território nacional faleceram em decorrência da Covid-19.

Escrever sobre determinado ato (ou fato), estando inserido nele, não começa bem, dá-se a impressão de descrever apenas o que se vê no próprio espelho... A história é "escrita" diariamente, mas deveria ser escrita *a posteriori*, sem o "braço da emoção entrelaçado ao corpo"...

O ano de 2020 (título da nossa obra) não começou em janeiro, mas em março, pois em janeiro e fevereiro tivemos as "férias normais" e também o carnaval. Naquela época (30-1-2020, especificamente), o médico Dráuzio Varella afirmou tratar-se de um "resfriadinho de nada". Disse o renomado médico: "Eu também fiquei tranquilo, cheguei a dizer naquela época que isso não seria grande problema para o Brasil. Hoje eu tenho remorso de ter dito isso. Eu me recrimino por ter falado tal coisa. O que me tranquiliza é que Anthony Fausti, que é a autoridade máxima de doenças infecciosas nos Estados Unidos, disse em janeiro que essa epidemia não seria problema para o país dele. Mas não foi isso que aconteceu como se viu depois". Em outro exemplo, o atual governador do estado de São Paulo apoiou o carnaval, como tantos outros em cada unidade da Federação – "o governador João Doria afirmou neste sábado (23-2-2020), em publicação nas redes sociais, que São Paulo entregou 'o maior carnaval do Brasil em 2020'".[1] Como eles poderiam saber? Como nós poderíamos saber? A grande verdade é que ninguém sabia de fato o que viria a ocorrer.

Uma das funções dos órgãos policiais, respeitada a especificidade de cada um, é a manutenção da ordem pública e da incolumidade das pessoas e do patrimônio. De um modo geral, vimos tal manutenção respeitada, aliás, muitos índices criminais diminuíram, enquanto outros, que não esperávamos, acabaram subindo, por exemplo, a violência doméstica (mulheres e idosos foram mais agredidos dentro de seus lares como nunca se viu na história recente do País).

Com mais de 29 anos na polícia e mais de 22 na docência, não me lembro de ver tantos colegas falecerem em decorrência de

---

[1] Disponível em: <https://jovempan.com.br/noticias/brasil/doria-carnaval-sao-paulo-2020.html>. Acesso em: 15 jul. 2021.

complicações causadas pela Covid-19.[2] Os policiais morreram mais do que os professores, pois aqueles não deixaram de trabalhar nas ruas, enquanto estes, forçosamente, "levaram o trabalho para casa". Os policiais mudaram sua rotina com higienização das viaturas, dos equipamentos administrativos, uso de máscaras, luvas na abordagem. Vamos aos números: escrevo tal texto em junho/julho de 2021 – na Polícia Militar do Estado de São Paulo (a maior do País), 100 policiais militares da ativa e 705 inativos (veteranos) foram mortos em decorrência da Covid-19. Nem nos conflitos de 2006 envolvendo o Primeiro Comando da Capital (PCC)[3] perdemos tantos policiais. Tais números nos abalam. Se tive, particularmente, a felicidade (ou sorte) de não ter contraído tal doença, não se pode falar que a saúde mental se manteve da mesma forma. Minha esposa pegou duas vezes (em uma delas estava grávida e perdeu a bebê). Impossível manter a saúde mental no *status quo*. Perdi amigos, conhecidos, mas, principalmente, "perdemos o eixo". Fiquei sem ver meus pais de março a agosto de 2020. Meu filho mais novo nasceu em abril de 2020 (é filho "da Covid"). O mês de agosto de 2020 foi "crucial": dia dos pais, meu aniversário, aniversário do meu pai e do meu filho "do meio". Lembro-me de ter ligado para minha irmã e decidimos vê-los (moramos no interior de São Paulo e meus pais na Capital), com o risco que fosse, pois, se pegassem a Covid, seria rápido, não poderíamos sequer nos despedir e não nos víamos desde o início da pandemia, ou seja, março. Como podemos sair intactos de algo assim? Felizmente, meus pais estão vacinados e não contraíram a doença até o momento.

Diante desse contexto todo, que não é pouco, nossa Constituição foi literalmente "contaminada" pela doença e deixou de ser o paradigma que se espera dela, ou seja, a Lei Maior em nosso país. Os decretos oriundos dos prefeitos e governadores (podem até ter tido boas intenções, mas com qual qualidade jurídica?), muitos destes foram "publicados" em *lives* de redes pessoais, sem qualquer formalização posterior, ou seja, sem a devida publicação de

---

2 Disponível em: <https://noticias.r7.com/cidades/policiais-morrem-25-vezes-mais-de-covid-do-que-em-confrontos-15072021>. Acesso em: 15 Jul. 2021.

3 Disponível em: <http://g1.globo.com/sao-paulo/noticia/2016/05/ha-dez-anos-sao-paulo-parou-durante-serie-de-ataques-contra-policiais-e-civis.html>. Acesso em: 29 jun. 2021.

fato na imprensa oficial (ou local) e a maioria "atropelando" a Lei Maior. O "Protocolo da Itália" ou o "Protocolo da Organização Mundial da Saúde", como exemplos, passaram a ser guias para tais chefes dos Executivos e para garantir a execução deles, as forças de segurança passaram a ser manejos dos seus governantes e não forças de Estado, como deveriam ser. Claro, não estou ignorando que a Constituição deve acompanhar a evolução fática da sociedade por meio das suas emendas, mas isso não ocorreu no aspecto mencionado (segurança pública), portanto, o paradigma deveria ter sido obedecido.

Quando menciono o "caos do caos", refiro-me ao caos da Covid-19 ("caos pandêmico") juntamente com o "caos da Constituição Federal", por ela ter sido (e estar sendo) ignorada desde março de 2020, ou seja, passamos da fase da insegurança jurídica para a fase do "caos jurídico". A Constituição Federal tornou-se uma "simples folha de papel", como já afirmara Ferdinand Lassalle em seu livro ¿Qué es una Constitución?

Aponto inicialmente a quebra da autonomia administrativa, financeira e política dos entes federativos municipais, pois muitos governadores agiram (e continuam agindo) como se os municípios fossem subordinados ao Estado, algo inimaginável desde a proclamação da República em 1889. Se a pandemia nos fez relembrar os 100 anos da "Gripe Espanhola",[4] trouxe consigo as lembranças dos bancos escolares quando das aulas de história do Brasil sobre as Províncias[5] e a falta de autonomia delas, no extinto Império brasileiro.

Inúmeros casos de prisões, apreensões, fechamentos de comércios, restrições de acesso às praias, supermercados (aqui o que chamo de "restrição da restrição", ou seja, em alguns casos, poder-se-ia ir às compras, mas de forma seletiva à vontade daquele prefeito, por exemplo, no caso da proibição de vendas de bebidas alcóolicas), enfim, centenas de casos concretos muito discutíveis sob a órbita do Direito Constitucional e do Direito Administrativo.

---

4 Disponível em: <https://saude.abril.com.br/blog/cientistas-explicam/gripe-espanhola-100-anos-da-mae-das-pandemias/>. Acesso em: 15 jul. 2021.

5 Disponível em: <https://www.historia-brasil.com/provincias.htm>. Acesso em: 15 jul. 2021.

Na ponta linha, as forças policiais, no meio do "caos duplo", buscando ser uma força de segurança estatal, mas tendo que enfrentar "barreiras empregatícias" (muitas guardas municipais ainda mantêm o regime celetista e não estatutário, como já determinou a Suprema Corte, ficando assim muito à mercê da vontade pessoal do prefeito) e também "barreiras políticas" e "barreiras ideológicas", cumprindo, a um preço alto, o que seus chefes dos Executivos lhe impuseram (do Direito Administrativo básico é sabido que as ordens manifestamente ilegais não devem ser cumpridas, mas tal ensinamento ficou no mundo teórico apenas), e, assim, as forças de segurança fizeram (e continuam fazendo) o possível e o impossível para manter a ordem pública e a incolumidade das pessoas e do patrimônio, visando obedecer a Constituição Federal.

O silêncio ensurdecedor do Ministério Público em muitos casos destoou de forma inimaginável. Instituição permanente, essencial à função jurisdicional do Estado, incumbindo-lhe a defesa da ordem jurídica, do regime democrático e dos interesses sociais e individuais indisponíveis, conforme o texto constitucional, esteve onde? Tirou férias? Recesso? Inacreditável que o órgão responsável por ser o "fiscal da lei" nos inúmeros casos ocorridos em nosso país acerca de decretos autônomos (ou executivos), inovando e criando obrigações que seriam adstritas de reserva legal, nada fez.

E nesse cenário, mesmo diante do "caos do caos", as forças de segurança, com um número de mortes maior que a maioria das categorias (deve ser menor apenas do que os profissionais da saúde), não teve o reconhecimento nem da sociedade, nem dos seus governantes, muito menos do Judiciário, que, em um caso concreto, deu prevalência de vacinação aos presos em face dos policiais – "O ministro do Supremo Tribunal Federal (STF) Ricardo Lewandowski decidiu suspender a decisão do Tribunal de Justiça do Rio de Janeiro (TJRJ) que manteve o decreto estadual incluindo profissionais das forças de segurança e da educação no grupo prioritário para vacinação contra a Covid-19. Com a decisão, deverá ser seguida a ordem de vacinação estabelecida pelo Ministério da Saúde"[6] –, ainda assim, diariamente, estamos na luta para "segurarmos o muro" que divide a barbárie e o caos da tranquilidade que

---

[6] Disponível em: <https://agenciabrasil.ebc.com.br/justica/noticia/2021-05/lewandowski-suspende-antecipacao-de-vacina-policiais-e-professores>. Acesso em: 29 jun. 2021.

tanto almejamos. Buscamos cumprir nossa função constitucional, morrendo literalmente pela sociedade, conforme juramento existente na maioria das forças policiais de nosso país!

A PANDEMIA E O ESTADO MÍNIMO

Gabriel Quintanilha

Doutor em Direito pela Universidade Veiga de Almeida. Mestre em Economia Empresarial pela Universidade Candido Mendes (UCAM). Pós-Graduado em Direito Público e Tributário, Extensão em Tributação Internacional, pela Universiteit Leiden. Membro da International Fiscal Association (IFA), do Instituto Brasileiro de Direito Tributário (IBDT) e da Associação Brasileira de Direito Financeiro (ABDF). Sócio fundador da Sociedade Brasileira de Direito Tributário (SBDT). Coordenador da área de Tributação sobre Renda no LLM da Fundação Getulio Vargas (FGV). Professor de Processo Tributário dos cursos de MBA e LLM do Instituto Brasileiro de Mercado de Capitais (IBMEC), da Graduação em Direito do Centro Universitário La Salle (Unilasalle), da Pós-Graduação em Direito Tributário da UCAM, da Pós-Graduação em Administração Pública da Universidade Federal Fluminense (UFF), da Escola de Magistratura do Estado do Alagoas (ESMAL), da Escola Superior de Advocacia da OAB/RJ e da Universidade do Estado do Rio de Janeiro (UERJ). Autor de livros e artigos.

É inegável que a pandemia de Covid-19 trouxe aos países, do mais pobre ao mais rico, o desafio de manter suas economias ativas e, além disso, a capacidade de manutenção do mínimo existencial para a população.

Sistemas de saúde pública foram colocados à prova e a função do Estado como garantidor da dignidade da pessoa humana foi fundamental para reduzir o impacto do desemprego e da perda de renda da população.

Como se não bastasse, o orçamento estatal precisou se adequar às novas despesas, como sistemas de saúde abarrotados de pacientes, auxílios emergenciais em dinheiro para aqueles que perderam seus empregos e linhas de crédito facilitadas para evitar a bancarrota de empresas, pois, afinal, pela primeira vez na história "desligaram a chave" da economia, com restrições de circulação e *lockdowns* sucessivos.

E as despesas avançaram, ao passo que o desenvolvimento de vacinas foi acelerado e as nações precisaram adquiri-las para distribuição gratuita à população.

Toda essa necessidade de um Estado presente, que estimule a economia e garanta o mínimo existencial e a dignidade da pessoa humana, decepcionou os defensores do liberalismo econômico e do Estado Mínimo. Isso porque, com a pandemia, a ausência do Estado representa a ausência da condução de políticas capazes de garantir o controle da doença.

Com isso, o conceito desenvolvido por Robert Nozick, de que o Estado deveria se limitar a garantir as liberdades individuais, não é factível. Vejamos:

> Minhas conclusões principais sobre o Estado são que o Estado Mínimo, limitado às estreitas funções de proteção contra a violência, o roubo e a fraude, ao cumprimento de contratos, etc. , se justifica; que qualquer estado mais abrangente violaria o direito das pessoas de não serem obrigadas a fazer certas coisas e, portanto, não se justifica; que o Estado Mínimo é inspirador, assim como correto.[1]

Nessa mesma linha, Norberto Bobbio discorreu que o pressuposto do Estado liberal é "doutrina dos direitos do Homem elaborada pela escola do direito natural (ou jusnaturalismo)".[2] Assim, o Estado seria limitado, não sendo sua função atender a todas as necessidades da população.

Esses conceitos, que durante anos pautaram economias pelo mundo, estão sendo testados pela Covid-19 e resta comprovado que a função do Estado é maior que exclusivamente garantir as liberdades individuais, mas garantir ao cidadão o bem-estar social necessário para que possa exercer sua liberdade.

A pandemia provou que há necessidade de regulação estatal e intervenção econômica, sob pena de instalação da barbárie, e, para isso, somente uma maior presença do Estado na atividade econômica é capaz de garantir o desenvolvimento e a retomada do crescimento.

---

1 NOZICK, Robert. Anarquia, Estado y utopia. México: Fondo de Cultura Econômica, 1990, p. 7.

2 BOBBIO, Norberto.. Liberalismo e democracia. São Paulo: Editora Brasiliense, 1988.

Basta verificar o pacote de estímulos econômicos gestado nos Estados Unidos, na estratosférica monta de US$ 1,9 trilhão, para resgatar empregos e garantir à população a geração de renda. Essa injeção financeira garante que a população tenha condições de retomar a sua condição anterior à pandemia, gerando novos empregos e desenvolvimento econômico e social.

Mais do que nunca, ficou claro que não dá para deixar passar. O mundo não vai por si mesmo. Uma economia forte depende do bem-estar social, da segurança alimentar e da renda para a população, de modo que cabe ao Estado intervir para gerar esse crescimento quando necessário.

Por fim, não devem restar dúvidas de que as ideias de Keynes são mais factíveis na sociedade globalizada em que vivemos, na qual, a qualquer momento, uma nova pandemia pode surgir e somente o Estado presente poderá nos separar da barbárie, intervindo na economia sempre que necessário para evitar a recessão e garantir o emprego.

O ANO EM QUE RECEBEMOS LENTES PARA VER O MUNDO REAL

Guilherme Madeira Dezem

Juiz de Direito. Mestre e Doutor em Direito Processual Penal pela Universidade de São Paulo (USP). Professor da Universidade Presbiteriana Mackenzie. Autor de obras jurídicas como *Curso de processo penal*, entre outras.

Era para ser quinze dias fechados em casa. Nestes quinzes dias, ficaríamos em *lockdown* e depois voltaríamos para nossa vida normal. Não poderíamos estar mais enganados.

Como o tempo mostrou, aquela quinzena estendeu-se e transformou-se em semanas, que se transformaram em anos. Enquanto escrevo este texto, já estamos há mais de um ano com algum grau de restrição e a perspectiva é que 2021 continue integralmente assim.

Agora que nos encaminhamos para, espero, o final da pandemia, tenho refletido sobre o que aconteceu conosco e o que esperar deste mundo que emergirá no pós-pandemia.

Não pretendo aqui prever o futuro, seria tola qualquer tentativa minha nesse sentido. O que pretendo é justamente tentar avaliar o que mudou em mim neste período e, baseado em minha experiência pessoal, extrapolar para o mundo todo.

Metodologicamente, esta não é uma opção válida. No entanto, este texto não se atém aos cânones científicos, mais do que isso, procuro nas minhas experiências a chave para a leitura do mundo.

Na linha do que já falava Alberto Caeiro sobre o rio Tejo (O Tejo é mais belo que o rio que corre pela minha aldeia, Mas o Tejo não é mais belo que o rio que corre pela minha aldeia Porque o Tejo não é o rio que corre pela minha aldeia), nosso mundo interno é a lente pela qual lemos o mundo.

Neste quase um ano e meio de pandemia, pude perceber muita coisa se passando em mim e ao meu redor. Muitas mudanças aconteceram. Para falar sobre elas é preciso primeiro falar sobre aquilo que vi.

Eu vi medo. Eu vi o medo estampado na face de muitas pessoas. Trabalhadores que precisavam trabalhar e não podiam ficar em casa. Lembro-me de que quando ia pegar a comida comprada pelo aplicativo, agradecia emocionado a cada um dos entregadores.

Também via esse medo no pessoal que trabalha nos supermercados e farmácias. Igualmente emocionado, agradecia a cada uma dessas pessoas. Em tempos normais, abraçaria cada um deles, mas não eram tempos normais.

O medo também foi retratado nas faces daqueles que amo, mas que não moram comigo. Durante muito tempo fiquei sem encontrar minhas filhas. O medo de espalhar o vírus e ser o vetor que poderia matá-las era muito alto.

Além do medo, eu pude perceber a ganância. Ganância no elevado aumento de preços de uma série de produtos, tais como álcool em gel, máscaras de proteção e produtos relacionados em geral.

A ganância manifestou-se não apenas nos vendedores, mas também nos consumidores: com medo de que os bens necessários para sobrevivência desaparecessem, vi gente correr aos mercados e comprar mais do que precisava para sobreviver.

Até mesmo papel higiênico se esgotou nesse período e eu ainda não consegui entender a correlação entre a Covid19 e a compra de papel higiênico acima do necessário para sobrevivência. Talvez seja melhor não descobrirmos certas coisas.

O medo e a ganância caminharam vizinhos da raiva. Não sei dizer qual foi o originador de qual. Talvez estejam todos imbrincados de tal forma que não seja possível identificar origem, meio e fim. O fato é que esses sentimentos estiveram juntos e explodiram nas redes sociais. A raiva foi tanta que chegou a ser palpável. Raiva pelo diferente, raiva pelo dissenso, raiva pelos milhares de mortos. Raiva e medo raramente são bons conselheiros.

Some-se a tudo isso o sentimento da saudade. Saudade dos abraços, dos beijos, dos afetos todos. Saudade de aglomerar. Ah, como eu sinto saudades de aglomerar, seja para as corridas de rua, seja em um barzinho, seja na balada, seja em *shows*. A saudade foi uma companheira constante.

Mas nem tudo foram sentimentos ruins neste período.

Eu vi a coragem se erguer. A coragem representada aqui por um padre que trabalha para a população em situação de rua. O padre Júlio foi uma inspiração de coragem para todos nós. Cito o padre Júlio como exemplo de tantas outras pessoas que arriscaram e arriscam até hoje suas vidas diariamente.

Como não lembrar dos médicos, enfermeiros, fisioterapeutas, pessoal de apoio nos hospitais, dos jornalistas, dos cientistas? O rol não é exaustivo, evidentemente, serve apenas para demonstrar um ponto: neste momento, a coragem e a bondade apareceram.

Eu também pude perceber pessoas doando seu tempo e seu dinheiro para causas nobres. Pude ver autores de livros doando seus direitos autorais. Não vou citá-los para não constrangê-los, mas eles existiram. Eu vi com meus próprios olhos.

A solidariedade e a bondade explodiram nesta pandemia. Se, de um lado, tivemos todos esses dados negativos, de outro, tivemos dados positivos. O que isso nos revela? No início da pandemia, eu acreditava que sairíamos melhor do que entramos, outros acreditavam que sairíamos piores. Estávamos ambos enganados.

O que a pandemia fez conosco foi nos dar uma lente para vermos o mundo da maneira como ele realmente é. Mostrou o que as pessoas efetivamente são, as boas, as más, as corajosas, as covardes, as egoístas e as solidárias. O mundo mudou em 2020 porque ele nos deu uma lente para ver a realidade do mundo. Quem puder que a use.

O que esperar deste mundo modificado?

Não é possível imaginar que haverá padrão único de comportamento entre todas as pessoas. No entanto, é possível imaginarmos alguns elementos que podem emergir.

Imagino que, ao menos por um tempo, iremos atuar com um sentido de premência da vida. A morte tocou a maior parte dos brasileiros durante a pandemia, alguns de maneira mais direta, outros menos direta. Daí porque nada mais natural que surja essa necessidade de se aproveitar a vida.

Há que se tomar cuidado aqui para que o sentimento hedonista não se projete à frente de tudo o mais. Caso contrário, podemos ser como aquele cachorro que escapa de casa por uma fresta no portão e sai buscando freneticamente sua liberdade e acaba, por fim, atropelado. Precisamos aprender a usufruir melhor a vida, mas sem descuidar dos caminhões que passam pelas ruas.

Também vejo que outra parcela, pelo contato com a morte, se retrairá. Evitará cada vez mais contatos com as pessoas e continuará em seu casulo do mundo. É compreensível esse sentimento e, de igual forma, deve-se ter cuidado com ele. A proteção continua sendo necessária, contudo, o medo da morte não deve nos paralisar a ponto de, em vida, nos transformarmos em cadáveres adiados.

Com o tempo é possível e provável que as condutas se equilibrem. No entanto, não podemos jamais nos esquecer das lentes que ganhamos neste período: que continuemos a ver o mundo com as lentes da realidade, identificando as boas ações, as más, a covardia e a coragem.

FAKE NEWS, PRESENTE! A ACADEMIA NA PANDEMIA DA (DES) INFORMAÇÃO

Hebert Vieira Durães

Professor e Coordenador do Curso de Direito da Faculdade Irecê (FAI). Especialização, MBA (Faculdade Metropolitana) e Mestrado em Direito Econômico (UFPB). Pós-Graduado em Ensino Remoto, Ensino a Distância e Metodologias Ativas (Faculdade Metropolitana). Graduando em História (licenciatura) e Pós-Graduando em Gestão do Ensino Superior Público e Privado (Unibf). Membro da comissão de educação jurídica da OAB seccional Bahia. Graduado em Direito pelo Centro Universitário de João Pessoa (Unipê). Advogado, Consultor jurídico, Palestrante e Autor de obras jurídicas pela Editora Rideel.

Era quarta-feira, 11-3-2020, eu estava preparando a segunda aula de Teoria do Direito para a graduação em Direito da Faculdade Irecê (FAI) (cidade do interior da Bahia, localizada na Chapada Diamantina, a 480 km da capital Salvador), quando recebi em um aplicativo de mensagem a notícia de que Tedros Adhanom, Diretor-geral da Organização Mundial de Saúde (OMS), havia declarado que a entidade elevou a classificação da contaminação pela Covid-19. O que era uma "simples" epidemia local causada pelo novo coronavírus (Sars-Cov-2) havia se tornado uma tragédia de escala global.

A notícia destacava que a mudança de classificação não se devia à gravidade da doença (pois nada se conhecia sobre ela, até aquele momento) e sim por causa da velocidade da disseminação e o rápido alcance geográfico. "A OMS tem tratado da disseminação em uma escala de tempo muito curta, e estamos muito preocupados com os níveis alarmantes de contaminação...", afirmou Adhanom, com um semblante nada esperançoso.

Quando concluí a leitura da matéria, fui tomado por uma terrível angústia ao lembrar que dez dias antes, voltando da capital paraibana, João Pessoa, passei por dois aeroportos internacionais, repletos de idiomas de todos os continentes. Na ocasião, os viajantes não usavam máscara nem adotavam qualquer ato de prevenção. Muito menos eu. Naquele momento, a pandemia ainda era apenas um alarde.

Ato seguinte, estados e municípios passaram a adotar medidas de segurança sanitária e de combate ao novo coronavírus. Fiquei impossibilitado de ir à faculdade e avisar pessoalmente aos meus alunos que as aulas estavam temporariamente suspensas. A comunicação se deu pelo portal do aluno e principalmente por aplicativo de mensagem instantânea (posso dizer que se trata do famigerado WhatsApp?!). É a partir desse momento que uma grave crise se consolida, além da pandemia. A crise da informação. Mas vou falar disso mais à frente...

Muitas atividades foram impactadas pelo necessário distanciamento social, sobretudo aquelas que, por sua natureza, provocam "aglomeração" de pessoas em ambiente fechado, pulverizando aerossol via conversação. Se o leitor é professor como este que vos escreve, certamente visualizou uma sala de aula a partir dessa descrição.

Pois bem, no dia 17-3-2020, o Ministério da Educação publicou a Portaria nº 343, dispondo sobre a "substituição das aulas presenciais por aulas em meios digitais enquanto durar a situação de pandemia do Novo Coronavírus – Covid-19". Oficialmente, estávamos suspensos das salas de aula físicas e redirecionados a um ambiente virtual de aprendizagem. A lousa foi substituída pelo compartilhamento de tela, as cadeiras pelo mosaico de vídeos ou fotos (poucos são os que abrem a câmera) e a sala de aula pelo *link* do aplicativo de reunião.

Antes mesmo da pandemia, já era notório que as formas de comunicação estavam em constantes mutações provocadas pelas novas tecnologias. Se comunicar nunca foi tão fácil, tão rápido e tão interativo com o surgimento de novos aparatos. Ainda assim, somente na série *Os Jetsons* (aquele desenho animado futurista lançado em 1962) cogitava-se reuniões de família por videoconferência, teletrabalho mediado por tecnologia da informação e aulas remotas com transmissão síncrona (em tempo real), entre outras facetas tecnológicas. Porém, indubitavelmente, não estava em nossa crença que essas ferramentas e métodos fariam parte dos nossos dias pandêmicos com tanta intensidade e presença. Ninguém imaginava que essas ferramentas seriam uma necessidade compulsória e não mais uma alternativa voluntária.

O tempo dedicado às telas e o uso constante de dispositivos informáticos nos colocaram em contato com um volume exponencial de *informação*. A propósito, o conceito de informação pode variar de acordo com os diferentes campos do conhecimento.

Etimologicamente, informação vem do latim *informatio.onis* podendo significar "delinear ideia" ou "conceber ideia". Também pode designar "dar forma ou moldar na mente". Num conceito interdisciplinar, em *Ciência e informação (Science and information),* Oeser (1976) leciona que a informação assume contexto da epistemologia como um conceito fundamental referente à produção do conhecimento científico. Para Machlup, em *The study of information*: Interdisciplinary messages" (O estudo da informação: mensagens interdisciplinares), a informação apresenta-se como um fenômeno humano, pois envolve indivíduos transmitindo e recebendo mensagens no contexto de suas ações possíveis. No âmbito do Direito, especialmente, a Lei nº 12.527, de 18-11-2011 (Lei de Acesso à Informação), define a informação como "dados, processados ou não, que podem ser utilizados para produção e transmissão de conhecimento, contidos em qualquer meio, suporte ou formato".

De um modo ou de outro, o ponto comum nos diferentes conceitos é que a informação está associada à ideia de "conhecimento", "conhecer", "estar ciente". Informação, pois, tem valor social que transcende o individualismo.

O conceito de informação, por outro lado, não pode ser confundido com a ideia de notícia. Esta pode ser compreendida como um gênero textual com o objetivo de levar informação para seus destinatários. A informação é o objeto; a notícia, o veículo. Os recursos tecnológicos (aplicativos, dispositivos móveis, internet, computadores) são os caminhos pelos quais os veículos percorrem para levar o objeto (informação).

A variedade de eletrônicos informáticos (*smartphone, smartwatch, notebook, tablet* etc.) propicia o acesso à informação de maneira instantânea, nunca registrada antes na sociedade. Ocorre que esses dispositivos eram apenas aparatos complementares às atividades humanas. Desde março de 2020 passaram a integrar *sine qua non* as nossas atividades cotidianas, colocando-nos em constante fluxo de informação. Não foi diferente no meio acadêmico (inclua-se, aqui, docentes e discentes).

Aliás, a comunidade acadêmica nunca esteve tão imersa em conteúdos de toda natureza. Mas nem tudo é informação. E é aí que a combinação de "velocidade de comunicação e intenso fluxo de informação" cria um cenário profano para a desinformação. Sim, profano e desastroso.

Assuntos como "origem conspiratória do coronavírus", "pandemia inexistente" e "microchips nos imunizantes" ocuparam as pautas dos indivíduos mais atentos. Até mesmo no meio acadêmico, que é palco do pensamento científico, da criticidade e do confronto de dados. Pasmem, excelência!

Daí é importante separar os *memes* dos informes. É sabidamente cômico quando uma frase moderna, atribuída a um filósofo pré-socrático, tem a inofensiva intenção de fazer rir. Porém, uma suposta matéria jornalística dando conta de que vacinas oriundas da China contém um microchip para monitorar a humanidade é, no mínimo, suspeita (eufemismo).

Mesmo com tantos meios de verificação da informação, nota-se a vontade livre e consciente de acreditar (contraditória à ideia de "conhecer") no conteúdo que parece conveniente ao íntimo de quem recebe e propaga a falsidade. Pelo mesmo dispositivo que se recebe a *fake news* é possível checar a sua veracidade com uma simples pesquisa que nem sempre requer métodos científicos complexos. Apenas checagem. Não precisa ser um Sheldon Cooper ou um Leonard Hofstadter, nem mesmo um Howard Wolowitz. Se *jogar* a "informação" nos *sites* de busca, já filtra consideravelmente.

Na geração do "clique aqui para avançar", "arraste para cima", "toque para encaminhar", "áudio em 2x", "baixe o resumo" e "passe no concurso sem estudar", exigir um mínimo de zelo e pesquisa antes de repassar uma informação recebida no *zap* parece soar inadequado. Estamos contemplando uma geração contaminada pela ignorância, desnutrida de *ciência* e bastada de *likes* numa leitura absurdamente dinâmica (eufemismo). O *post* mal descansa no *feed* e o dedo já desliza imediatamente para o próximo...

Estando na última década em sala de aula, é possível notar que o imediatismo e a sintetização da leitura (*clique aqui para avançar*) por parte dos acadêmicos tem se tornado cada vez mais presente, tornando o aprendizado deficiente de jovens suscetíveis à crença de qualquer notícia e propícios a um modelo profissional duvidoso, como acentua Fabio Camilo Biscalchin em *Universidade, mercado e a formação de papagaios burros*.

A propósito, na obra intitulada *A fábrica de cretinos digitais* (2020), o neurocientista francês Michel Desmurget, diretor de pesquisa do Instituto Nacional de Saúde da França, relata que as ferramentas tecnológicas têm influenciado negativamente no QI das crianças e jovens. A obra apresenta dados científicos contundentes que demonstram como os dispositivos digitais estão afetando seria e negativamente o desenvolvimento neural de crianças e jovens da atual geração Z. Temos uma geração de baixo QI, em relação a gerações passadas, mesmo com tantos recursos para forjar a mais *nerd* de todas as gerações. Poderiam ser verdadeiros *Jedis* da informação, mas optam por *stormtroopers*, com uma péssima mira e em uma quantidade infindável...

Nesse lamentável cenário aqui esboçado, pergunto-me se a assimilação e a disseminação de notícias falsas são reflexos do declínio intelectual da atual geração ou um vírus que não escolhe casta? Apostaria na segunda. Estudantes, professores, especialistas, mestres, doutores, sacerdotes e semideuses, alguma vez já se sentiram balançados por uma *fake news* de última hora no grupo da família, da faculdade, do trabalho, da igreja ou do Olimpo. Está em toda parte!

O princípio da colaboração, que norteia o uso da internet, se usado conscientemente por todos os usuários da rede, checando a informação individualmente antes de passar adiante, promoveria a qualificação dos conteúdos que temos acesso e estancaria, em boa parte, a fonte da qual emanam as notícias falsas. Quem sabe teríamos um ambiente virtual mais salubre e menos hostil.

Além da crise sanitária com a migração compulsória para o teletrabalho e para o ensino remoto, os quais nos puseram em total dependência das tecnologias e em constante fluxo de dados, ainda temos que lidar com o processo de obstrução do conhecimento por meio da desconstrução da informação (desinformação). Daí a importância do educador para promover a criticidade sobre tais conteúdos e não para estimular a sua reprodução. Para tanto, todavia, é preciso romper paradigmas ideológicos. Mas isso é tema para outro encontro...

É por isso, caro leitor, que, assim como a eclosão do novo coronavírus, que alarmou as nações pela velocidade de sua disseminação, a veiculação de notícias falsas age tão rapidamente, com proporções tão danosas, que podemos elevar a sua classificação para pandemia. Pandemia da desinformação...

BIOÉTICA E PANDEMIA NO BRASIL: DA "DESCOBERTA" ÀS DIFÍCEIS LIÇÕES

Henderson Fürst

Presidente da Comissão Especial de Bioética da OAB Nacional. Doutor em Direito pela Pontifícia Universidade Católica de São Paulo (PUC-SP). Doutor e Mestre em Bioética pelo Centro Universitário São Camilo (CUSC). Professor de Direito Constitucional da PUC-Campinas. Professor de Bioética e Direito das Organizações de Saúde da Faculdade Israelita de Ciências da Saúde Albert Einstein/Hospital Israelita Albert Einstein. Advogado e Editor científico.

UMA ERA DE NOVOS CONCEITOS "BIO"

Em um momento de crescimento do biologismo, o prefixo *bio-* marca a época histórica que vivenciamos. Neologismos surgem para explicar o fenômeno do domínio técnico da vida, tal como *biotecnologia, biogenética, biocombustíveis, bioterrorismo* e tantas outras que, cada vez mais, passam a compor os dicionários mundo afora.[1]

Entre esses, três conceitos ganharam destaque desde os anos 1970: *biopolítica, biopoder* e *bioética*. Embora todos fossem já conhecidos, e exaustivamente, foi preciso uma pandemia para popularizar tais conceitos e descobrirmos mais um, o *biopopulismo*.[2]

O conceito de biopolítica e biopoder foi formulado inicialmente por Michel Foucault no curso *Il faut défendre la societé*, ministrado nos anos de 1975-1976 no Collège de France,[3] e também no primeiro volume da *Histoire de la sexualité: la volonté de savoir*.[4] Nesse momento, a biopolítica era formulada igualmente como um poder individualizante e totalizante, ou seja, um processo de disciplinação dos corpos, e também como um poder populacional, com mecanismos reguladores mais amplos de comunidades, sociedades e globais, que leva em conta processos biológicos, como a natalidade, a longevidade, a mortalidade, a morbilidade, o normal e o patológico, entre outros, ao qual é possível destacar os conceitos desenvolvidos para sexualidade, raça e degenerescência.

O corpo humano torna-se um espaço político, juntamente com o espaço social. A soberania não se dá apenas com a afirmação da localização geográfica do Estado ao qual se governa, mas também com a interferência nos corpos que o habitam, em como se relacionam com

---

1 HOSSNE, William Saad; PESSINI, Leo; SIQUEIRA, José Eduardo de; BARCHIFONTAINE, Christian de Paul de. Bioética aos 40 anos: reflexões a partir de um tempo de incertezas. *Bioethikos*, São Paulo, v. 4, n. 2, 2010, p. 130-143.

2 FÜRST, Henderson. Biopopulismo e a apropriação política de narrativas científicas. In: CASTELO BRANCO, Pedro H. Villas Bôas; GOUVÊA, Carina Barbos; LAMENHA, Bruno (Coords.). *Populismo, constitucionalismo populista, jurisdição populista e crise da democracia*. Belo Horizonte: Casa do Direito, 2020, p. 141 e ss.

3 FOUCAULT, Michel. *Il faut défendre la societé*: cours au Collège de France (1975-1976). Paris: Seuil, 1997.

4 FOUCAULT, Michel. *Histoire de la sexualité*: La volonté de savoir. Paris: Gallimard, 1976.

o meio e uns com os outros, com o modo de compreender e viver este corpo. Essa forma de biopoder estaria intrinsicamente ligada ao surgimento das ciências da vida, das ciências humanas e da medicina clínica, orientando um dispositivo médico-jurídico que visa à normalização da sociedade. Surge o poder sobre a vida, que se diferencia do direito de morte que pertencia ao poder soberano, não como uma antítese a esse poder de matar, mas como uma forma de controle sobre como viver, visando sustentar e multiplicar a vida.[5]

Embora o conceito de biopolítica e biopoder de Foucault tenha se popularizado por formular precisamente a ideia de domínio político da vida e do poder soberano, é possível encontrar também a ideia de biopolítica em Hannah Arendt, quando, em suas investigações sobre o totalitarismo, demonstrava como nos campos de concentração nazistas e stalinistas operava-se a transformação da natureza humana, reduzindo biopoliticamente o ser humano a mero fato biológico.[6]

Já a primeira formulação do neologismo *bioética*, até onde se tem notícia, ocorreu durante a Alemanha pré-nazista, marcada pela euforia científica e pelo narcisismo. Em 1927, o pastor protestante Fritz Jahr[7] publicou nota editorial no conhecido periódico científico *Kosmos*, intitulado Bioethik: eine Übersicht der Ethik und der Beziehung des Menschenmit Tieren und Pflanzen,[8] que, em tradução livre, significa *Bioética: um panorama da ética e das relações do ser humano com os animais e plantas*. Todavia, usualmente, concebe-se a *paternidade* do neologismo "bioética" a Van Rensselaer Potter, que o teria escrito pela primeira vez em 1970, no artigo Bioethics: bridge to the future.[9]

No Brasil, mesmo com a existência da Sociedade Brasileira de Bioética desde 1988, é apenas diante de grandes temas que a Bioética foi convocada aos meios de comunicação massificados. Em 2020, pu-

---

5 FOUCAULT, Michel. *The will to knowledge*. London: Penguin Books, 1976, p. 138.

6 ARENDT, Hannah. *The origins of totalitarism*. New York: Harcourt Brace & Cia., 1979.

7 Uma análise biobibliográfica de Fritz Jahr foi feita em SASS, Hans-Martin. Fritz Jahr's Bioethischer Imperativ. *80 Jahre Bioethik in Deutschland 1927-2007*. Bochum: Zentrum fur Medizinische Ethik, 2007.

8 JAHR, Fritz. Bioethik: eine Übersicht der Ethik und der Beziehung des Menschenmit Tieren und Pflanzen. *Kosmos*: Gesellschaft der Naturfreunde. Stuttgart, Franckh'sche Verlagshandlung, n. 24, p. 2-4, 1927.

9 POTTER, Van Rensselaer. *Bioethics*: bridge to the future. Englewood Cliffs: Prentice-Hall, 1971.

demos observar, pela primeira vez, a Bioética sendo convocada para fomentar o debate público e esclarecer questões à população.

A DOENÇA QUE DEVERIA SER ESPERADA E NÃO FOI, QUE NÃO TEM PÁTRIA E TEVE

Quando James Geary escreveu seu tratado sobre a metáfora, esclareceu que "nossos corpos instruem nossas metáforas, e nossas metáforas instruem como pensamos e agimos".[10] Isso demonstra como a compreensão do adoecer, da doença e da cura é normalmente feita por metáforas, que tanto possibilita racionalização quanto também obscuridade.[11]

No caso da doença, ela historicamente é retratada como um mal de outros. Assim, a sífilis foi, para os ingleses, um "mal francês"; para os parisienses, a "doença alemã"; para os florentinos, o "mal de Nápoles"; para os japoneses, "a doença chinesa". O *outro* também pode ser atribuído a diferenças físicas ou de comportamento, o que explica a proibição de gays doarem sangue, que perdurou, no Brasil, até maio de 2020, quando o STF reconheceu a inconstitucionalidade dessa proibição na ADIN nº 5543.[12]

Esse é o caso da Covid-19 e do vírus Sars-Cov-2, que no Brasil foi chamado de "chinesa".

Apesar de todas as teorias conspiratórias que envolvem a genealogia do vírus, é necessário enfatizar que a história da humanidade também pode ser contada pela história do vírus na humanidade.

Já em 2012 era possível ler em livros de bioética análises diretas que diziam que "a mensagem dos cientistas e das agências de saúde pública em todo o mundo é clara: é só questão de tempo para uma doença viral pandêmica circundar o globo. Em uma época de viagens aéreas não haverá notícia antecipada de sua chegada iminente e é provável que essa pandemia mate milhões". E mais: "quem assiste ao noticiário noturno pela TV ou lê artigos de jornal sobre a gripe pandêmica

---

10 GEARY, James. *I is an other*: the secret life of metaphor and how it shapes the way we see the world. Nova York: Harper, 2011, p. 155.

11 É o que demonstra o ensaio de Susan Sontag, *Doença como metáfora*. São Paulo: Companhia de Bolso, 2007.

12 STF, ADI nº 5.543, rel. Min. Edson Fachin, j. 8-5-2020.

sabe que, não importa o que façamos, não teremos vacinas ou pílulas suficientes para proteger nem um quarto da população americana em pouco tempo. Muito menos o mundo. Só duas coisas podem retardar a disseminação da gripe pandêmica e elas são as mais assustadoras do arsenal da medicina: quarentena e racionamento".[13]

Mesmo com isso, o que se viu foi o constante questionamento, no Brasil, de três aspectos: de onde surgiu a doença, por que fazer quarentena e como alocar recursos escassos.

LIÇÕES DIFÍCEIS À BIOÉTICA BRASILEIRA

Muito embora a Bioética tenha contribuído grandemente em diversos aspectos da pandemia no Brasil, algumas lições difíceis precisam ser aprendidas para o seu desenvolvimento institucional e amadurecimento social.

Entre elas, é possível mencionar a ausência de um Comitê de Bioética Nacional, com competência para unificar critérios de alocação de recursos escassos nacionalmente, bem como elaborar orientações, diretrizes e políticas públicas que facilitem diálogos entre gestão de saúde pública, Poder Judiciário, entidades profissionais, imprensa, mercado de saúde e cidadania.

Também a comunicação social em Bioética tornou-se uma necessidade emergente. Embora a saúde, biologia, nutrição e outras áreas tenham encontrado mecanismos para divulgar seus conhecimentos em mídias massificadas para públicos leigos, o que foi fundamental para explicar a pandemia e seus mecanismos, a Bioética não dialogou adequadamente com a sociedade civil e o público leigo. Explicações sobre a autonomia, recusa terapêutica, recusa vacinal, mistanásia e outros tantos problemas enfrentados são, ainda, ignoradas pela população brasileira.

Igualmente, a "ponte para o futuro" falhou ao não ser o elo entre os diversos conhecimentos. Pudemos observar diversos problemas de diálogos interdisciplinares que decorreram de inúmeros fatores, tais como politização, polarização, disputas de interesses e falhas nos debates científicos.

---

13 McGEE, Glenn. *Bioethics for beginners*. Chichester: The Atrium, 2012, p. 82.

Ao encerrar este artigo, a pandemia não acabou, embora tenha sido normalizada. Este texto estará desatualizado tão logo quem o leia chegue até este parágrafo, posto que diariamente novos dilemas surgem na pandemia e na Bioética. Mas, da mesma forma que Mia Couto bem sabia que "nenhuma palavra / alcança o mundo, eu sei / Ainda assim,/ escrevo",[14] também é preciso transmitir adiante as pontes da Bioética. Ainda que não alcance o mundo, ainda assim, há de se escrever.

---

14 COUTO, Mia. *Raiz de orvalho e outros poemas*. Lisboa: Editorial Caminho, 1999.

O TELETRABALHO À LUZ DA PANDEMIA DA COVID-19

Isabelli Gravatá

Doutoranda em Direito Político e Econômico pela Universidade Presbiteriana Mackenzie/SP. Mestre em Direito Público pela Universidade Estácio de Sá (UNESA). Especialista em Direito e Processo do Trabalho pela Faculdade Cândido Mendes (FCM). Especialista em Direito Empresarial pela Faculdade Cândido Mendes (FCM). Bacharel em Direito pela Faculdade Cândido Mendes (FCM). Professora de Direito e Processo do Trabalho da Faculdade Presbiteriana Mackenzie/Rio e de cursos preparatórios para concurso público.

Em 16-12-2011 foi publicada a Lei nº 12.551, que alterou a redação do art. 6º da Consolidação das Leis Trabalhistas (CLT), possibilitando o reconhecimento de vínculo empregatício entre empregador e o empregado que realiza suas tarefas a distância, ou seja, o trabalho realizado fora do estabelecimento do empregador com uso da informática ou dos meios telemáticos.

A norma trabalhista amparou um contingente de teletrabalhadores, em condições de uma nova realidade, como pressuposto de resgate da cidadania, na busca da efetivação da Constituição Federal brasileira de 1988. Foram equiparados os efeitos jurídicos da subordinação exercida por meios telemáticos e informatizados à exercida por meios pessoais e diretos.

A referida Constituição estabelece a dignidade como princípio norteador das relações trabalhistas ao determinar a valorização do trabalho humano como fundamento da República. No entanto, há de se discutir a dignificação do trabalho humano no caso do trabalho a distância.

Em um primeiro momento, a nossa legislação trabalhista possibilitava a execução dos serviços na empresa, ou na residência do empregado (*home office*), sendo que, no último caso, havia certa dificuldade de controle de jornada e consequente comprovação de horas extras ou noturnas.

Com o desenvolvimento tecnológico, a utilização do telefone celular e da internet de forma controlada e dos demais equipamentos de trabalho informatizados, é possível que a execução dos serviços se dê de qualquer lugar (*anywhere office*). Dentro desta perspectiva, o serviço realizado fora da empresa, além do horário, já pode ser comprovado. Entretanto, é necessário fazer uma análise das normas de proteção ao trabalho à luz das novas tecnologias.

É preciso analisar as normas gerais de tutela do trabalho, os aspectos da medicina e segurança do trabalho, bem como as normas especiais de tutela do trabalho constantes da CLT (datada de 1943), após a evolução tecnológica dos últimos vinte anos, o texto da Carta Maior, que completou 32 anos em 5-10-2020, bem como a chegada da pandemia da Covid-19. O meio ambiente do trabalho mudou, não se fala mais em fiscalizar tão somente a empresa, temos que pensar nesse novo ambiente do trabalho, a nossa residência ou até mesmo uma cafeteria com acesso *wi-fi*.

No ano de 2017 foi promulgada a Lei nº 13.467, denominada Reforma Trabalhista, pois mais de cem pontos da CLT foram modificados, acrescentados ou revogados, além de atingir a legislação esparsa. A referida lei entrou em vigor no dia 12-11-2017. Até então, a legislação brasileira não continha nenhuma previsão específica sobre o teletrabalho. Os Tribunais vinham se manifestando acerca do tema, a jurisprudência foi se formando, mas a CLT em si apenas em 2017 foi contemplada com um capítulo sobre do Teletrabalho (arts. 75-A a 75-E da CLT).[1]

---

[1] Capítulo II-A
DO TELETRABALHO
Art. 75-A. A prestação de serviços pelo empregado em regime de teletrabalho observará o disposto neste Capítulo.

Entretanto, pelo que se observa, esta previsão legal não tratou com a devida atenção a temática da saúde do trabalhador, que utiliza predominantemente meios tecnológicos e informatizados para seu ofício (teletrabalhadores). Este fato é notoriamente percebido ao observarmos que os legisladores brasileiros excluíram os teletrabalhadores, especificamente no Capítulo II – Da Duração do Trabalho da CLT (art. 62, III),[2] culminando na inexistência de limite de horas a serem trabalhadas por dia, previsão de intervalo, dia de repouso, pagamento da hora noturna superior à diurna e horas extras.

Ou seja, ainda que se verifique pelos meios informatizados ou telemáticos de controle e supervisão uma quantidade excessiva de traba-

---

Art. 75-B. Considera-se teletrabalho a prestação de serviços preponderantemente fora das dependências do empregador, com a utilização de tecnologias de informação e de comunicação que, por sua natureza, não se constituam como trabalho externo.

Parágrafo único. O comparecimento às dependências do empregador para a realização de atividades específicas que exijam a presença do empregado no estabelecimento não descaracteriza o regime de teletrabalho.

Art. 75-C. A prestação de serviços na modalidade de teletrabalho deverá constar expressamente do contrato individual de trabalho, que especificará as atividades que serão realizadas pelo empregado.

§ 1º Poderá ser realizada a alteração entre regime presencial e de teletrabalho desde que haja mútuo acordo entre as partes, registrado em aditivo contratual.

§ 2º Poderá ser realizada a alteração do regime de teletrabalho para o presencial por determinação do empregador, garantido prazo de transição mínimo de quinze dias, com correspondente registro em aditivo contratual.

Art. 75-D. As disposições relativas à responsabilidade pela aquisição, manutenção ou fornecimento dos equipamentos tecnológicos e da infraestrutura necessária e adequada à prestação do trabalho remoto, bem como ao reembolso de despesas arcadas pelo empregado, serão previstas em contrato escrito.

Parágrafo único. As utilidades mencionadas no *caput* deste artigo não integram a remuneração do empregado.

Art. 75-E. O empregador deverá instruir os empregados, de maneira expressa e ostensiva, quanto às precauções a tomar a fim de evitar doenças e acidentes de trabalho.

Parágrafo único. O empregado deverá assinar termo de responsabilidade comprometendo-se a seguir as instruções fornecidas pelo empregador.

2 **Art. 62.** Não são abrangidos pelo regime previsto neste capítulo:
(...)
III – os empregados em regime de teletrabalho.
(...)

lho, este indivíduo não terá direito a receber o pagamento de horas extras. Na prática, não haverá limite de jornada diária, nem registro ou controle dos horários de trabalho, embora sejam possíveis por meios tecnológicos desta era que vivemos.

O Brasil caminhava para absorver o teletrabalho no seu dia a dia, quando então, no ano de 2020, o mundo se deparou com uma pandemia global em virtude da proliferação da doença causada pelo coronavírus. Após a decretação de estado de calamidade, em virtude da pandemia da Covid-19, de forma rápida, o mercado de trabalho migrou por completo para o ambiente virtual. O isolamento social, como medida de proteção à saúde, acelerou a necessidade de adaptação do sistema produtivo ao trabalho remoto. A sensação foi de estarmos vivendo uma greve geral mundial. O mundo todo foi afetado. O mundo parou!

Foi então que no Brasil, especificamente, no dia 22-3-2020, foi editada a Medida Provisória nº 927,[3] e, em caráter complementar, no dia seguinte (23-3-2020), a Medida Provisória nº 928.[4] As medidas trabalhistas adotadas visando a preservação do emprego e da renda e o enfrentamento do estado de calamidade pública reconhecido abrangiam a previsão do teletrabalho.[5]

---

3 Medida Provisória nº 927, de 22-3-2020 – Dispõe sobre as medidas trabalhistas para enfrentamento do estado de calamidade pública reconhecido pelo Decreto Legislativo nº 6, de 20-3-2020, e da emergência de saúde pública de importância internacional decorrente do coronavírus (Covid-19), e dá outras providências.

4 Medida Provisória nº 928, de 23-3-2020 – Altera a Lei nº 13.979, de 6-2-2020, que dispõe sobre as medidas para enfrentamento da emergência de saúde pública de importância internacional decorrente do coronavírus responsável pelo surto de 2019, e revoga o art. 18 da Medida Provisória nº 927, de 22-3-2020.

5 Medida Provisória nº 927, de 22-3-2020.
"Capítulo II
DO TELETRABALHO
Art. 4º Durante o estado de calamidade pública a que se refere o art. 1º, o empregador poderá, a seu critério, alterar o regime de trabalho presencial para o teletrabalho, o trabalho remoto ou outro tipo de trabalho a distância e determinar o retorno ao regime de trabalho presencial, independentemente da existência de acordos individuais ou coletivos, dispensado o registro prévio da alteração no contrato individual de trabalho.
§ 1º Para fins do disposto nesta Medida Provisória, considera-se teletrabalho, trabalho remoto ou trabalho a distância a prestação de serviços preponderante ou totalmente fora das dependências do empregador, com a utilização de tecnologias da

As Medidas Provisórias não foram convertidas definitivamente em lei, portanto, perderam sua validade, mas representaram um grande marco na previsão e na execução do teletrabalho.

Se pararmos para pensar, há alguns anos não se ouvia falar nem mesmo em ter um computador em sua própria residência, enquanto cada vez mais não conseguimos viver sem *e-mail* (endereços eletrônicos), *sites* de relacionamentos (Facebook, Instagram, Twitter etc.), programas de mensagens instantâneas (Skype, WhatsApp, Telegram etc.) e aplicativos de dispositivos móveis como *smartphones*, *notebooks* e *tablets*. Toda essa evolução tecnológica reflete na relação laboral, sendo tais ferramentas utilizadas como meio de trabalho ou até mesmo como forma de seleção de um profissional, por exemplo, a inscrição no LinkedIn.

O mundo passou à palma da nossa mão. Basta um clique para estarmos conectados com o trabalho, com a família ou nos divertindo.

---

informação e comunicação que, por sua natureza, não configurem trabalho externo, aplicável o disposto no inciso III do *caput* do art. 62 da Consolidação das Leis do Trabalho, aprovada pelo Decreto-Lei nº 5.452, de 1943.

§ 2º A alteração de que trata o *caput* será notificada ao empregado com antecedência de, no mínimo, quarenta e oito horas, por escrito ou por meio eletrônico.

§ 3º As disposições relativas à responsabilidade pela aquisição, pela manutenção ou pelo fornecimento dos equipamentos tecnológicos e da infraestrutura necessária e adequada à prestação do teletrabalho, trabalho remoto ou trabalho a distância e ao reembolso de despesas arcadas pelo empregado serão previstas em contrato escrito, firmado previamente ou no prazo de trinta dias, contado da data da mudança do regime de trabalho.

§ 4º Na hipótese de o empregado não possuir os equipamentos tecnológicos e a infraestrutura necessária e adequada à prestação do teletrabalho, do trabalho remoto ou do trabalho a distância:

I – o empregador poderá fornecer os equipamentos em regime de comodato e pagar por serviços de infraestrutura, que não caracterizarão verba de natureza salarial; ou

II – na impossibilidade do oferecimento do regime de comodato de que trata o inciso I, o período da jornada normal de trabalho será computado como tempo de trabalho à disposição do empregador.

§ 5º O tempo de uso de aplicativos e programas de comunicação fora da jornada de trabalho normal do empregado não constitui tempo à disposição, regime de prontidão ou de sobreaviso, exceto se houver previsão em acordo individual ou coletivo.

Art. 5º Fica permitida a adoção do regime de teletrabalho, trabalho remoto ou trabalho a distância para estagiários e aprendizes, nos termos do disposto neste Capítulo."

Portanto, com o passar do tempo, os meios tecnológicos evoluíram e a sociedade se desenvolveu. As grandes cidades passaram a estar abarrotadas de pessoas que se movimentam em sua maioria em um mesmo determinado período. Além disso, há também aqueles que não são capazes, por alguma enfermidade ou deficiência, de sair de casa junto aos outros. Trabalhar de casa representa para muitos uma grande oportunidade.

O teletrabalho surgiu graças ao nascimento de meios de telecomunicação como o telefone, os bipes e os computadores. Hoje ele se desenvolve rapidamente sobre os meios de tecnologia pesados, que torna a vida cada dia mais *on-line*. E mostra a cada dia grande relevância para a solução de problemas sociais modernos.

A informatização da sociedade se dá em alta velocidade e não podemos negar que os impactos da pandemia da Covid-19 no denominado teletrabalho foram enormes!

O estudo desses impactos da pandemia e do desenvolvimento tecnológico nas relações de emprego nos faz analisar se está havendo abuso na cobrança de trabalho de forma a afetar a vida pessoal do empregado, causando-lhe problemas emocionais e de saúde em virtude da alteração do meio ambiente de trabalho. De uma hora para outra fomos obrigados a trabalhar de casa. O ambiente não foi previamente preparado. Hoje, misturamos o nosso trabalho com a vida particular. O espaço residencial transformou-se em um escritório compartilhado com a família e os problemas do dia a dia.

Passamos a conviver com o barulho da obra do vizinho durante uma reunião importante. O cachorro não pede licença para latir. Os filhos precisam de ajuda no *homeschooling* e, também, da tecnologia. Espaço e utensílios passam a ser divididos. Ocorreu uma transformação do mundo físico para o mundo virtual.

Observo pontos positivos, como outros negativos. Com a propagação dos meios tecnológicos e a informatização dos dados, hoje não se gasta mais horas em congestionamentos para chegar ao seu local de trabalho, entretanto, até que ponto o trabalho desenvolvido dentro de casa estará apto a preservar a saúde do trabalhador. Não estamos diante de um retrocesso com o excesso de trabalho?

Com a necessidade de ficarmos em casa, o homem precisou ficar cada vez mais conectado às novas tecnologias, o que afetou diversas esferas da sociedade, principalmente a trabalhista, visto que as relações de trabalho mudaram significativamente em virtude disso. Dessa forma, o trabalhador deixa de estar presente de forma física em seu ambiente de trabalho, passando a ser apenas virtual. Mas será que estar conectado por tantas horas não pode gerar algum dano, por exemplo, às vistas do empregado? Ou teremos um excesso de digitação trazendo à tona as lesões por esforço repetitivo?

Outro fato relevante é que com o uso de celulares e o acesso à internet quase que 24 horas por dia, há uma falsa impressão de que o empregador pode estar fiscalizando seu empregado quase que o tempo todo. Com isso, o empregado, em muitos casos, acaba sendo requisitado em momentos que não eram para ser destinados ao trabalho, prejudicando assim seu convívio familiar e seus momentos de lazer. O empregado não consegue separar o trabalho do seu horário de descanso e, ele se sente à disposição em tempo integral.

Assim, a tecnologia, que em um primeiro momento visa facilitar a vida do trabalhador em vários aspectos, possibilitando comodidade e praticidade, muitas vezes acaba por se tornar um problema, fazendo que o empregado fique permanentemente conectado ao seu ambiente de trabalho, e, nesse caso, sem nem ter direito à remuneração por isso, podendo, ainda, no caso de descumprimento de alguma ordem, ser visto como insubordinado.

Com base nisso surge a problemática: estaria o homem vivenciando um novo modelo de trabalho, *on-line full time* (conectado em tempo integral), tendo em vista o uso desmedido dos meios tecnológicos?

Tem mais um detalhe, passamos a ter um novo local de trabalho, que, em princípio, não pode sequer ser fiscalizado e que influenciará no desenvolvimento das tarefas do obreiro e afetará sua saúde se não for adequado.

A Constituição Federal brasileira é clara ao estabelecer a jornada de oito horas diárias e traz como exceção expressa turnos ininterruptos de revezamento, reduzidos para seis horas. Ademais, o art. 7º da Carta Maior diz que os direitos ali elencados não excluem outros, desde que visem a melhoria da condição social de trabalho. O que positiva o princípio do não retrocesso social.

A jornada de oito horas de trabalho, como já explicitado, foi um grande avanço e uma das primeiras conquistas trabalhistas, e é importante salientar que no plano internacional tal direito é norma fundamental desde 1919 (Convenção nº 1 da Organização internacional do Trabalho – OIT). Portanto, a partir do momento em que se fragiliza essa jornada, há o comprometimento da ordem social vigente.

Garantir e proteger direitos fundamentais não se relaciona apenas com proibir a prática de atos retroativos, mas também o cometimento de práticas regressivas, que, embora não atinjam o ato jurídico perfeito, a coisa julgada e o direito adquirido, afetam o conteúdo em dignidade, já concretizado, do direito social.

Dessa forma, é muito importante entender que, em um Estado que se diz social de direito, respeitar os direitos trabalhistas e a não supressão deles é fator fundamental.

Discussões sobre o mercado de trabalho e o mundo digital não podem passar despercebidas após trinta anos da Carta Maior, que aboliu o trabalho escravo, trouxe como princípio basilar a dignidade da pessoa humana e tanto se preocupa com o mínimo existencial. O trabalho a distância e o resgate da cidadania com a efetivação do princípio da dignidade da pessoa humana devem ser a tônica dos estudos deste século.

A utilização do teletrabalho em tempos de pandemia do coronavírus foi necessária. Todos foram para casa e, após o *lockdown* (fechamento do comércio e afins), a única forma de se manter algumas atividades foi com a adoção do sistema remoto. É possível perceber a importância da implementação do teletrabalho para o mundo econômico. Com a pandemia e a necessidade de promover medidas de distanciamento social, esta modalidade se tornou uma das alternativas mais viáveis para as empresas darem continuidade às suas atividades. Foi uma forma segura de manter os empregados em casa sem a paralisação das atividades empresariais. O teletrabalho passou a ocupar um papel essencial nessa pandemia, porém existe ainda uma necessidade de atualização da regulamentação específica, uma vez que os requisitos dispostos na CLT não estão de acordo com as disposições e princípios constitucionais inerentes aos trabalhadores.

Na forma do art. 5º, XI, da CF/1988, "a casa é asilo inviolável do indivíduo, ninguém nela podendo penetrar sem consentimento do morador, salvo em caso de flagrante delito ou desastre, ou para prestar socorro, ou, durante o dia, por determinação judicial".

A partir daqui surge a preocupação com a forma como serão fiscalizados os locais de trabalho quando este é exercido de casa ou até mesmo de qualquer outro lugar.

Como imaginar que o empregado assinará um termo de responsabilidade comprometendo-se a seguir as instruções fornecidas pelo empregador no que tange às precauções para que se evite doenças e acidentes de trabalho?

O empregado, que necessita do salário para seu sustento e de sua família, inúmeras vezes assina o contrato de trabalho como de adesão. Aquiesce a tudo que o empregador ali propõe, no afã de não ficar desempregado. Imaginemos agora que este trabalhador assinará um contrato que disporá sobre a responsabilidade pela aquisição, manutenção ou fornecimento dos equipamentos tecnológicos e da infraestrutura necessária e adequada à prestação do trabalho remoto, dispondo este, inclusive, sobre o reembolso de despesas arcadas pelo empegado.

Como bem observa o Ministério Público do Trabalho, em sua Nota Técnica nº 7, de 9-5-2017: "(...) a norma não define a responsabilidade do empregador pelas despesas com a aquisição ou manutenção dos equipamentos e infraestrutura necessária para o trabalho ou as despesas dele decorrentes, como energia elétrica e internet, por exemplo, permitindo que sejam livremente estipuladas no contrato de trabalho".

Não estaremos aqui permitindo que o empregado passe a correr os riscos da atividade econômica?

Não temos qualquer garantia de que o ambiente de trabalho será seguro e adequado. Como teremos a certeza de que o próprio empregado está cumprindo o combinado? Como saberemos se as condições de trabalho estão efetivamente na forma da lei? O empregado que não respeita, por exemplo, regras de ergonomia do trabalho adoece e se aposenta precocemente.

No Brasil, a questão da ergonomia ainda representa uma desvantagem para o trabalhador a distância, pois muitos empregados se aproveitam da estrutura preexistente na casa, sem atentar para o fato de que agora passarão a utilizar aquele ambiente, antes ocupado poucas horas por dia, por horas a fio, sujeitando-se a doenças funcionais.

Observa-se, portanto, uma possível disseminação de lesões por esforço repetitivo, considerando que não há normas de ergonomia, nem fiscalização específicas para estes trabalhadores, gerando repercussões diretas na Previdência Social, que se verá forçada a fornecer auxílio a um maior número de trabalhadores.

O direito do trabalho surgiu por meio de muita luta, revoluções, greves e guerras. Os desafios trazidos pela pandemia no início de 2020 geraram um grande impacto no mundo do trabalho, afetando trabalhadores, empresas e empregos. Diante disso, vale considerar que as medidas sanitárias adotadas para evitar a propagação do vírus foram de extrema importância, fornecendo aos empregados uma segurança, tanto para sua saúde quanto para a estabilidade de seus empregos. Por isso, fica evidente que o teletrabalho está sendo muito importante nesse momento, por ser uma forma segura de trabalho, em que esses trabalhadores conseguem se sentir mais protegidos em suas próprias casas.

Este regime adotado durante a pandemia do coronavírus (Covid-19) vem acompanhado de grandes dificuldades e desafios, tanto para as empresas quanto para os empregados, o que acaba já sendo esperado, pelo fato de muitas empresas o terem feito em caráter de urgência, não tendo muito tempo para a organização pessoal e estrutural.

Com todo o exposto, surgem os seguintes questionamentos:

Diante de todos os direitos alcançados até os dias atuais, estaríamos deixando de observar o preceito constitucional da dignidade da pessoa humana e criando um modelo de escravidão, tendo em vista os novos meios de tecnologia utilizados na seara trabalhista e a expressa exclusão do capítulo da duração do trabalho?

A tecnologia pode aumentar a produtividade dos funcionários ou com o passar dos anos demonstrará uma verdadeira perda de qualidade da mão de obra?

A utilização da tecnologia e a possibilidade de se trabalhar de qualquer lugar aumenta a socialização dos funcionários ou provoca o seu isolamento?

Devem ser criados limites na utilização da tecnologia como instrumento de teletrabalho?

Como a forma de comunicação escrita pode causar interpretação diversa pelas partes gerando ofensa moral?

O teletrabalho por meio de mensagens pode potencializar os conflitos em razão da distância e da multiplicidade de interpretações do que é escrito?

Qual a influência do teletrabalho nas relações familiares, especificamente envolvendo pessoas da mesma família que trabalham na mesma empresa?

Os empregados serão beneficiados por estarem mais próximos da família ou perderão produtividade em face da ausência de competitividade?

Os questionamentos irão evidenciar se o trabalho a distância é capaz de gerar benefícios não só ao empregado, que passa a gozar de maior dignidade, dispondo de maior tempo para o convívio social e familiar, e para implementar sua formação profissional, como também se gera vantagens ao empregador, que, além de ter um empregado mais satisfeito e produtivo, deixa de ter custos com instalações físicas.

Por enquanto, não temos essas respostas! O trabalho a distância é modalidade inovadora de relação de emprego que em muito contribui para a quebra de barreiras geográficas e temporais. Após a pandemia do coronavírus, o teletrabalho ganha um protagonismo inesperado. Com a possibilidade de manter os empregados e a redução dos custos, muitas empresas pensam em permanecer com esta modalidade ou ao menos implementar um sistema híbrido (alguns dias presenciais e outros remotos). Contudo, como uma relação de trabalho, esta envolve questões não só de ordem técnica, mas também psicológicas e sociais.

Dúvidas surgem diante deste novo modelo de trabalho. A tecnologia, embora proporcione ao homem viver de forma agradável, possibilitando a ele eliminar o trabalho penoso, se utilizada de forma incorreta, fora da responsabilidade, pode provocar problemas sociais, que requerem uma tomada de posições. Assim, é necessário que a tecnologia esteja a serviço do homem e não contra ele.

As relações humanas cada vez mais se darão em um ambiente multimídia, cujos impactos precisam ser pesquisados. Sob a ótica dos direitos sociais, o trabalhador tem, além do direito ao trabalho digno, o direito do não trabalho (direito à desconexão), ou seja, o direito a ter folga, longe do ambiente e mesmo dos assuntos de trabalho, de forma que seja possível o seu lazer e descanso.

É importante ressaltar que o trabalho a distância, assim como qualquer outra modalidade, possui seus pontos positivos e negativos. Porém, tudo indica que, desde que sejam efetuadas a devida ponderação de interesses e a análise da capacidade de adequação da atividade desempenhada e do perfil do profissional, poderão ser evitados maiores riscos.

A falta de uma legislação mais detalhada e equilibrada para esta relação de emprego realizada a distância é um fator de desvantagem tanto para o empregador quanto para o empregado, pois permite abusos de ambas as partes. Ainda não conseguimos encontrar uma forma ideal para a realização deste trabalho.

Para o empregado, o distanciamento da sede da empresa pode trazer problemas de relacionamento, tanto no que se refere à falta de contato pessoal de colegas, que acaba gerando o isolamento social do trabalhador, quanto à troca de experiências e novas oportunidades de crescimento na carreira. Por outro lado, é uma modalidade capaz de gerar maior qualidade de vida para o empregado, que passa a dispor de maior tempo para cuidar de si e de sua família, transmitindo esse *status* para os que o rodeiam.

Para as empresas, a nova modalidade pode trazer uma precarização da força de trabalho, e com o tempo teremos mais empregados afastados do que na ativa. Já por outro lado, reduz os custos, fazendo que as empresas realizem mais contratações, circulem mais capital, tudo contando com profissionais mais dispostos e produtivos.

A legislação atual não prevê uma forma de controle ou fiscalização dos locais onde o empregado poderá prestar o seu serviço, nem tem sido fácil controlar a quantidade de horas de trabalho, com isso, diuturnamente, ofende-se o princípio da dignidade da pessoa humana e não se tem um adequado ambiente de trabalho. Embora a Reforma Trabalhista tenha excluído os teletrabalhadores do capítulo da Duração da Jornada, não podemos nos afastar dos preceitos constitucionais básicos.

O trabalho pós-pandemia gerou questionamentos que evidenciaram que o trabalho a distância não impossibilita o cumprimento das normas de proteção ao trabalho contidas na CLT, mas precisam ser adequadas a este verdadeiro avanço tecnológico.

É indiscutível o fato de que essa temática só tende a crescer, devendo ocupar um papel mais relevante do que no período anterior à pandemia. Não se pode deixar de reconhecer que a utilização do teletrabalho possibilita manter os profissionais empregados e seguros contra o coronavírus, atenuando a curva de infectados, além de garantir a estabilidade dos empreendimentos em uma pandemia, contudo, carecendo de uma melhor regulamentação.

Dessa forma, podemos concluir que o trabalho a distância pode representar vantagens ou desvantagens. O ideal é dosar e usar a legislação que possuímos de forma adaptada ao novo modelo, jamais esquecendo os preceitos constitucionais conquistados em 1988.

IRREFREÁVEL: TECNOLOGIA, DIREITO E SOCIEDADE

Lara Rocha Garcia

Doutoranda e Mestre em Direito Político e Econômico pela Universidade Presbiteriana Mackenzie. Visiting Scholar na Columbia Law School, Estados Unidos. Especialista em Inovação e Empreendedorismo pela Stanford Graduate School of Business, Estados Unidos. Foi Gerente de Inovação do Hospital Israelita Albert Einstein e liderou a área de produtos do Dr. Consulta. Professora e Advogada de Direito Digital, Inovação, *Compliance* e Proteção de Dados.

Não é a primeira vez que o mundo vive uma pandemia. Mas é a primeira vez que a acompanha em tempo real. A internet era apenas uma jovem adulta em 2020, conquistando seu espaço, aumentando sua participação nos negócios, nas relações, nas estruturas; com muito potencial e muitos conflitos, quando, de repente, recebeu o desafio de carregar o mundo nas costas.

Como uma das principais medidas para conter a velocidade da contaminação do Coronavírus, o isolamento social obrigou as pessoas a ficarem em suas casas, a reverem a forma como faziam as suas atividades – das mais básicas e rotineiras, incluindo a sua atividade profissional, àquelas planejadas e/ou acessórias.

De repente, a aula *on-line*, antes preterida e considerada *patinho feio*, tornou-se imperiosa.

De repente, a teleconsulta médica, antes considerada *fria* e *distante*, tornou-se inevitável.

De repente, o *happy hour* com os amigos, antes cheio de toques e abraços, passou a ser feito por videoconferência e disperso.

De repente, até o *show* musical, considerado ambiente de aglomeração, passou a acontecer em edição histórica de forma separada geograficamente e acompanhado em tempo real em fusos horários distintos.

De forma assíncrona, despadronizada e experimental, com base na tentativa e erro, a vida continua. As pessoas continuam a existir atrás de uma tela. Elas continuam a ser contratadas, demitidas, orientadas, aconselhadas e acalentadas por texto, voz, vídeo e *emoticon*. Crianças nascem e conhecem seus avós, familiares e amigos por FaceTime e WhatsApp em chamadas de vídeo. A primeira geração essencialmente *Digital First*. Quem não foi convidado para um chá de bebê pelo Zoom? Ou um aniversário pelo Meets? Os teatros, tão defensores da arte manual e intimista, reinventam-se pelo YouTube.

O mundo se fechou, mas não parou.

Lojas com portas fechadas e *sites* abertos. Antes, arquitetura e *design* de interiores; agora, *design* de *posts* e interfaces. Espaços públicos convertidos em *lives*. Papos de café e de bar em vídeos de Reels, TikTok e IGTV. As redes sociais intensificaram o tráfego de dados.

Foi preciso trazer tudo que se fazia presencialmente para o digital. Finalmente, o mundo entendeu que só existe uma vida real composta pelo digital e virtual, juntos. Claro, cada plataforma *on-line* tem suas especificidades e comportamentos, mas no presencial já não era assim? Ou as pessoas têm o mesmo comportamento, usam o mesmo tipo de roupa e linguagem em uma festa, na universidade ou em uma audiência? Não, né?

O mundo mudou, mas não parou.

Em que pese a existência de muitas dificuldades em vários setores econômicos, a economia, como um todo, não colapsou. Ela migrou. Não sem dor, como em todos os movimentos de ruptura.

Rapidamente, o mundo viu a força do *e-commerce*, do *marketing* digital multiplataforma, da logística Omnichannel e das novas formas de pagamento – Pix, QRCode, WhatsApp Pay.

A migração econômica, que sustentou a mudança do mundo, só foi possível graças à jovem internet, com seus 20 a 30 anos, que se mostrou robusta o suficiente. Aliás, não só as relações econômicas, mas também as culturais, sociais e políticas, como já falamos por aqui.

Com erros, é claro. Com problemas, sem dúvida. Mas, como diz um dos *memes* mais famosos desse período: "não sabendo que era impossível, foi lá e fez". Ela, nossa internet balzaquiana, ou quase.

Foi surpresa que tudo isso poderia ser feito pela internet? Talvez para alguns, mas não para todos. Há tempos que, em todas as ciências, pesquisadores, professores e profissionais estudam, testam e verificam resultados das mais diversas naturezas na internet. Aliás, antes mesmo da criação dessa rede que conecta todo o mundo, McLuhan já falava na aldeia global que vivemos hoje. Nossos filósofos previram a internet, talvez não a adoção acelerada pela pandemia, mas seu potencial, sim.

E, acreditem, ainda estamos na primeira onda *on-line*, a onda da adoção e da mera execução do que conhecemos no mundo presencial. No Brasil, há mais cobertura territorial de internet do que saneamento básico, mais aparelhos celulares nos lares do que aparelhos de televisão. A internet é democrática.

As próximas ondas trarão novas revoluções, como a inteligência artificial, por exemplo. Você já parou para pensar que as crianças que nasceram na pandemia, em quarentena, conheceram o mundo pelas telas primeiro? Que elas vão crescer recebendo tudo em casa? Que talvez não conheçam o conceito de loja física?

Que essa geração, quando tiver a idade da jovem internet de hoje, não mais se levantará para apagar a luz de suas casas, pois bastará um comando de voz para a sua assistente pessoal de internet das coisas – *Alexa, Siri, Google* e tantas outras a serem criadas? Ela dividirá as calçadas com robôs entregadores. Talvez nem precise aprender a dirigir, pois utilizará carros autônomos. Será que dirigir será um *hobby*, como hoje é passear a cavalo (considerando centros urbanos)?

Que a comida talvez não tenha origem animal ou vegetal, mas nasça em uma impressora 3D. E que talvez essa ferramenta possa ser responsável por acabar com uma das maiores mazelas do mundo – a fome. Um dos problemas aumentados pela pandemia em vários lugares do globo, infelizmente. Que maravilha se novas tecnologias pudessem ajudar a resolver!

O mundo não parou, ele evoluiu.

A sociedade, antes de 2020, estava longe de ser a mesma retratada pelos Flintstones, embora também estivesse distante daquela a que assistíamos com a família dos Jetsons. Os carros ainda não voam, os robôs humanoides ainda não vivem entre nós de forma tão natural. Todavia, esse processo já começou com *drones* e domésticos aspiradores de pó (com passadores de pano) inteligentes.

Nossa jovem internet, que gritava aos quatro cantos sua latência, amplitude, ubiquidade, velocidade, escala, mistura de *software* e *hardware*, recebia apoio de inúmeros, mas ainda enfrentava forte resistência.

Tal resistência era composta, parcialmente, do medo do novo, da insegurança trazida pela mudança e, também, dos problemas que ela, nossa jovem em desenvolvimento, apresentava.

O medo e a insegurança são sentimentos inevitáveis da evolução humana, como defendeu Harari em suas obras sobre o *homo sapiens*. Não são fruto da internet.

Quanto aos problemas, nós, como sociedade adulta, devemos enfrentá-los. Quais são? Como acontecem? Qual a origem? Extensão do dano? Há igualdade de armas ou vulneráveis? Quem são os responsáveis? Como funcionam as ferramentas?

Perguntas como estas, entre tantas outras, são construtivas e indispensáveis. Deveriam, inclusive, nortear o Direito; afinal, são as ciências jurídicas as responsáveis também por resolver problemas e pacificar conflitos; foi o que aprendemos nas cadeiras da academia.

O Direito Digital, que já foi chamado de Direito da Tecnologia, da Internet, da Informática, era coisa de gente *nerd*, *geek*. "Nem parece coisa de advogado", disseram. Em 2021, foi eleito pela Forbes umas das áreas mais promissoras do Direito.

E por quê? Parece óbvio, não é? *Ubi societas ibi jus*. A sociedade é também digital, percebemos que nossa vida não é dissociativa, como também não são nossos lados direito e esquerdo (embora cada um tenha sua preferência/habilidade) e nem nossa vida diurna e noturna (embora ocorram atividades diferentes em cada período).

Existem fatos sociais e jurídicos que acontecem no Digital. Existem negócios jurídicos necessariamente digitais, bem como outros que acontecem no digital com eco no presencial e vice-versa, o tal do Omnichannel. E em todos os ramos: público e privado, civil e penal, material e processual.

Vejam, se o mundo mudou, por que o Direito não mudaria? Por que o judiciário, os escritórios, o ensino e a pesquisa jurídica deveriam permanecer como uma ilha imutável?

O mundo não parou, ele se transformou.

Como serão os contratos de seguro dos carros autônomos? Como será a audiência quando a inteligência artificial puder ler a expressão facial dos jurados e juízes e, com base nela, inferir a decisão? Ainda que tal interpretação não reflita a realidade, ela mudaria o comportamento dos patronos durante o processo? Acrescentaria ou reduziria atos processuais? Como será quando seu estagiário for um *bot* que pesquise jurisprudência e espere que você o ensine a melhorar suas buscas e interpretações?

O mundo temporariamente se isolou e, com isso, mudou, evoluiu e se transformou. A sociedade o acompanha. E o Direito? Também. Com dúvidas, como em toda fronteira do conhecimento, mas sem volta.

A CULTURA DO CANCELAMENTO: O VÍRUS DO ÓDIO

Marcelo Hugo da Rocha

Escritor na área jurídica e motivacional, com mais de noventa obras publicadas (entre coordenação, organização, autoria e coautoria). Também é professor, palestrante e advogado há mais de 20 anos. Mestre em Direito pela Pontifícia Universidade Católica do Rio Grande do Sul (PUCRS). Pós-Graduado em Direito Empresarial pela PUCRS e em Psicologia Positiva pela Faculdade Unyleya. Graduando em Psicologia pela IMED.

Quando a 20ª edição do *reality show* Big Brother estreou na televisão brasileira, em 21-1-2020, assistíamos às notícias internacionais sobre um novo vírus oriundo da Ásia, o Coronavírus.[1] Apenas no dia 11 de março, depois de mais de 4.300 mortes e cerca de 120 mil infectados, a Organização Mundial da Saúde (OMS) decretou a pandemia.[2] Menos de uma semana depois, a produção do Big Brother informou aos participantes sobre a situação que estávamos vivendo fora da "casa mais vigiada" do Brasil.[3] Logo, o medo se espalhou no ar, literalmente, e as atividades em geral foram interrompidas.

---

1 <https://gauchazh.clicrbs.com.br/saude/noticia/2020/12/linha-do-tempo-veja-a-evolucao-da-covid-19-no-mundo-ao-completar-um-ano-ckjbv0iwx009o-019w4kx1h0cd.html>.

2 <https://pt.venngage.com/blog/linha-do-tempo-coronavirus/>.

3 <https://gshow.globo.com/realities/bbb/bbb20/resumo/noticia/resumo-bbb-20-brothers-sao-informados-sobre-coronavirus-e-flayslane-faz-desabafo.ghtml>.

A internet tornou-se o refúgio para a grande maioria das pessoas que passou a se isolar em casa. *Home offices* foram instalados às pressas, restaurantes seguiram para o *delivery*, as aulas passaram para o ensino a distância, as apresentações ao vivo consumiram-se em *lives* e o mundo nunca se tornou tão virtual como em 2020. Em junho, o portal G1 informava que o uso da internet no Brasil crescia entre 40% a 50% com base em dados coletados da Anatel. Em setembro, éramos alertados que o uso da internet teria crescido 112% em relação ao mesmo período em 2019.[4] Só o *e-commerce* brasileiro cresceu os incríveis 73,88%, segundo o Comitê de Métricas da Câmara Brasileira da Economia Digital.[5]

Em casa e isolados, o entretenimento dirigiu-se para as plataformas de *streaming* e para as redes sociais. A Netflix, por exemplo, alcançou ao final do ano de 2020 200 milhões de assinaturas no mundo, com um crescimento recorde em razão dos tempos pandêmicos. Há estimativas de que no Brasil sejam quase 18 milhões de usuários ativos.[6] Quanto às redes sociais, no início de 2020 esperava-se um acréscimo de 20% de usuários até o ano de 2023 nas redes. Éramos 95 milhões, mas ainda na metade do ano já tínhamos ultrapassado mais de 140 milhões de pessoas ativas, ou seja, não só antecipamos as expectativas, como também superamos os números em percentual próximo de 40%.[7] Até o meu pai, um senhor de 76 anos, acabou ingressando no Facebook durante a pandemia, para minha surpresa, e até conversar com ele por telefone, achei que era uma conta *fake*.

Não há dúvida alguma sobre 2020: estávamos todos conectados na internet como nunca antes.[8] O problema é que outro vírus infectaram as relações virtuais, o ódio. Este nem o poderoso McAfee instalado no meu computador conseguiu evitar de assistir. Foi o ano do "cancelamento" e, infelizmente, não posso garantir que os próximos anos

---

[4] <https://g1.globo.com/economia/tecnologia/noticia/2020/06/11/com-maior-uso-da-internet-durante-pandemia-numero-de-reclamacoes-aumenta-especialistas-apontam-problemas-mais-comuns.ghtml>.

[5] <https://nic.br/noticia/na-midia/uso-da-internet-cresceu-112-no-brasil-durante-pandemia/>.

[6] < https://tecnoblog.net/403850/netflix-ultrapassa-200-milhoes-de-assinantes-no-mundo/>

[7] <https://blogs.correiobraziliense.com.br/servidor/numero-de-usuarios-de-redes-sociais-cresce-quase-40-em-2020-e-supera-projecao/>

[8] <https://www.linka.com.br/analytics/relatorio-global-do-digital-2021>

estejam protegidos desta cultura, que não nasceu agora, mas vem sendo alimentada pelo ódio desde os primórdios da existência humana. Como já escrevemos, em coautoria com o psicólogo Fernando Elias José, em *Cancelado*: a cultura do cancelamento e o prejulgamento nas redes sociais,[9] "cancelar" é julgar, condenar e executar uma pessoa ou uma instituição por qualquer motivo que se entenda importante o bastante para desejar eliminá-los.

Imagine-se após um jantar, em que deu tudo errado, num restaurante que você tinha grandes expectativas de ser uma experiência perfeita. Comida ruim e fria, atendimento demorado e equivocado, conta errada e ambientação muito aquém do desejado. Após sair desse restaurante, você tem muitas alternativas. Nunca mais voltar é uma delas. Também pode compartilhar sua opinião com os outros, relatar a desgraça no próprio perfil das redes sociais e da respectiva empresa. Além disso, avaliar mal em *sites* ou aplicativos próprios. Até aqui, é a sua liberdade de expressão, observando, é claro, quais palavras foram lançadas. A partir deste ponto, é inevitável imaginar a cena de alguém convocando outras tantas com tochas para queimar o estabelecimento e sua reputação.

Cancelar é destruir, eliminar, desejar o banimento e o fim de alguém ou algo. Assim, linchar é apenas um modo de alcançar um cancelamento, pois o objetivo é o sofrimento. Já cancelar é um *plus* de um linchamento; é ir além. É buscar atingir os bens mais preciosos de uma pessoa ou instituição. Para cantores, por exemplo, é perder seu público e a oportunidade de divulgar sua música. Exatamente, é o que acontece quando há cancelamento deles. Há outras repercussões mais comuns, como perder a reputação, a credibilidade, o emprego, contratos, patrocinadores, amigos e a própria família. Enquanto isso, o tribunal da internet mantém seus julgamentos sumários, sem chance de defesa, levando, inclusive, muitas pessoas ao suicídio quando se deparam com a falta de esperança de retomarem suas vidas após um cancelamento.

Um dos casos mais emblemáticos de cancelamento no Brasil foi o de uma blogueira *fitness* em abril de 2020. Naquela ocasião, recentemente, curada da Covid-19 contraída no casamento da irmã, a *influencer* reuniu alguns amigos na sua casa e durante a festa, pelos *stories* de sua conta no Instagram, diante de milhares de seguidores, disse "f*da-se a vida". Como rastilho de pólvora, por que todo cancelamento fun-

---

9 ROCHA, Marcelo Hugo da; JOSÉ, Fernando Elias. *Cancelado*: a cultura do cancelamento e o prejulgamento nas redes sociais. Belo Horizonte: Letramento, 2021.

ciona assim, o que chamamos de "julgamento *miojo*", pois em até três minutos pode ser servido, o nome da influenciadora tornou-se o assunto do momento. O ódio é manifestado pelas redes virtuais, mas as consequências acontecem no mundo real. Ela perdeu diversos patrocinadores e contratos, além de fiéis seguidores e admiradores. Precisou suspender sua atividade por um tempo até a poeira baixar um pouco, mas este fato ficou como uma cicatriz na sua carreira.

Muita gente acredita que o cancelamento acontece apenas com pessoas famosas ou públicas, mas não é verdade. No livro citado, levantamos diversos casos do mundo inteiro em que pessoas como eu, "mortais", são vítimas deste ódio canalizado a todo instante. O medo de ser injustiçado pelo olhar dos outros, pois cancelar é como fazer justiça com as próprias mãos, foi decisivo para levar o projeto da escrita adiante. Peço licença para relatar esta situação. Em julho de 2020, sai com minha família pela primeira vez de casa no ano para viajar a Gramado, na serra gaúcha, em comemoração ao meu aniversário. Alugamos um apartamento afastado de tudo e de todos, próximo da natureza. Sozinhos, tiramos máscaras e fotos. Porém, muitas fotos parecem estar completas somente se forem publicadas em nossas redes, não é? Então, a sensação de tolhimento em razão do julgamento alheio nos impediu desta completude.

Ainda em julho, a capa da revista Veja daria destaque para a cultura do cancelamento com o rosto de suas vítimas, alertando para esta prática perversa que ganhava público cada vez mais engajado. As redes sociais perderam a inocência da época do finado Orkut para se transformarem em verdadeiras Caixas de Pandora, em especial, o Twitter e, depois, o Facebook. Veja que no último trimestre de 2020, o Facebook removeu ou diminuiu o alcance de quase 30 milhões de conteúdo com discurso de ódio, um aumento de 389% em relação ao mesmo período em 2019.[10] Poderíamos alegar que a pandemia mexeu com a cabeça das pessoas, o que de fato aconteceu, porém seria simplista demais responsabilizá-la pelo que elas estão fazendo quando navegam na internet.

No segundo semestre de 2020, estreou na Netflix o documentário O Dilema das Redes (The Social Dilemma) com grande repercussão. Produzido antes do isolamento social, aponta os efeitos colaterais que

---

10 <https://g1.globo.com/economia/tecnologia/noticia/2021/02/11/facebook-identifica-269-milhoes-de-conteudos-com-discurso-de-odio-no-4o-trimestre-de-2020.ghtml>.

as redes trazem e como grandes corporações do Vale do Silício lucram não só com os dados dos usuários, como também com o ódio que é disseminado. Não é por menos que anunciantes que gastam fortunas em mídias digitais abraçaram o movimento Stop Hate for Profit (pare o ódio pelo lucro) e suspenderam verbas publicitárias nas redes. O jornalista Jon Ronson, autor de *Humilhado*, nas suas pesquisas sobre casos reais de vítimas que sofreram perseguição na internet, relata que o Google lucrou só em receitas publicitárias, no mínimo, 120 mil dólares com o seu sistema de busca vinculando-as ao nome de uma cidadã inglesa que foi cancelada por uma piada xenofóbica numa viagem à África do Sul.

Particularmente, decidi manter instalado no meu *smartphone* apenas o Instagram como canal de divulgação dos meus livros e o WhatsApp, que é considerado rede social. Meus perfis nas demais redes ficaram à própria sorte, com um mínimo de atividade e sem qualquer interação social. Destaco minha desintoxicação do Facebook, lugar onde mais investia meu tempo e dinheiro. Cerca de três semanas depois de iniciar meu abandono gradual, após assistir O Dilema das Redes e concluir a pesquisa do livro *Cancelado*, perdi total interesse no que se passava nesta rede social, como influenciou o modo de enxergar todas elas. Como os especialistas em psicologia da internet relatam nestes casos de desapego virtual, minha saúde mental melhorou muito e passei a apreciar mais a vida *offline*.

Muitos argumentam que estão exercendo sua liberdade de expressão, empunhando a Constituição Federal, quando agem como formadores de opinião ou canceladores. Porém, nem mesmo o direito à vida é absoluto, pois, como se sabe, há pena de morte em caso de guerra. Ademais, a internet não é "terra de ninguém" como ainda insistem alguns e a Justiça vem tolhendo abusos, condenando à responsabilidade civil e criminal quem passa dos limites. De fato, atrás de uma tela e à distância da vítima, torna-se fácil destilar ódio, como pilotos de *drones* de guerra que abatem inimigos a milhares de quilômetros de distância do alvo. Há uma desumanização evidente das relações por meio de perfis e avatares, gerando falta de empatia e compaixão com o outro.

Concluindo, dentro da proposta deste texto, o vírus do ódio dentro e fora das telas tem feito tantas vítimas que é difícil manter uma contabilidade atualizada, um problema que tivemos para dar um ponto final no livro *Cancelado*, pois toda semana novos casos de cancelamento eram anunciados pela imprensa. O ano de 2020 será lembrado por muitas coisas, entre elas este fenômeno que se popularizou como porta-voz dos moralistas e daqueles que vivem numa bolha de perfeição.

110   Olhar com lupa para os erros dos outros e de telescópio para os próprios parece que virou regra da média da sociedade, mais preocupada com o que acontece no ciberespaço do que o que se passa na vizinhança ou nas suas famílias. Quem será o próximo cancelado?

2020: O ANO QUE ME ENSINOU QUE O CONFINAMENTO PODE SE TRADUZIR EM UM ATO DE AMOR

Mariângela Tomé Lopes

Doutora e Mestre em Direito Processual Penal pela Universidade de São Paulo (USP). Professora de Direito Penal e Processual Penal. Advogada criminalista.

É com grande honra e alegria que recebi o convite do Professor e grande amigo-irmão Guilherme Madeira Dezem para escrever um texto não jurídico sobre as mudanças causadas em 2020 pela pandemia. Fiquei em dúvida se seria mais interessante escrever sobre as mudanças que a pandemia trouxe para o mundo ou se rascunhava algumas palavras sobre os efeitos que o surto da Covid-19 trouxe para mim. Decidi pela segunda alternativa, pois seria um momento de reflexão sobre mim mesma.

O que a pandemia mudou para mim?

Muitas coisas. A grande reflexão trata dos efeitos do confinamento. Sempre pensei no confinamento como algo negativo, como uma ideia de controle do espaço, de castigo com limitação de ambiente, uma ideia de penalização de perda de espaço, seria algo como estar encarcerado, uma ideia de prisão mesmo.

Foucault tratou da evolução das formas de controle: controle dos corpos, controle das mentes, que evoluiu para o controle dos espaços. Este último relacionado ao confinamento de algumas pessoas: criminosos e doentes. A ideia era sempre negativa.

Também, para mim, tinha o confinamento uma ideia de mistério. A ideia de reclusão me fez lembrar das freiras enclausuradas no Mosteiro da Luz, em São Paulo. Quando criança, eu ia todos os domingos à Missa de Frei Galvão e ouvia o coral das chamadas irmãs de clausura, que se encontravam separadas do público por uma proteção, que impedia que pudéssemos ver seus rostos. Eu tinha muita curiosidade sobre a vida daquelas freiras enclausuradas, queria saber como viviam, como eram seus rostos, se eram felizes. Eu pensava: será que elas não encontram suas famílias? Será que elas não podem ver seus amigos? Dizem que não saíam nem quando morriam, pois eram enterradas ali mesmo, dentro de uma igreja erguida naquele local. Com a morte de Frei Galvão, teria sido construído um cemitério ali mesmo para enterrá-las. Passava-me a ideia de sacrifício daquelas mulheres. Era um mistério.

Li na pandemia a obra *Confinamentos e afins*, de Rodrigo França. O autor nos convida a pensar, além das importantes questões que envolvem o combate ao racismo, no conceito de confinamento de forma ampla, não se limitando à ideia de estar preso em um lugar.

A pandemia me fez pensar que há um lado positivo no confinamento: o confinamento como um ato de amor.

Nunca havia me passado a ideia de ser obrigada a me confinar em casa para proteger a mim mesma e, também, as pessoas ao meu redor. O confinamento tornou-se um ato de amor. Não havia ouvido histórias parecidas dos meus pais, dos meus avós, bisavós ou de pessoas mais velhas que conheci durante toda a minha vida. Ninguém havia me relatado que havia um lado positivo na clausura.

A transformação com o confinamento como um ato de amor atingiu aspectos da minha vida profissional, da minha vida familiar, da minha relação com amigos e das relações com as pessoas em geral. Soube lidar com os aspectos negativos observando o lado positivo da clausura.

Na minha vida profissional, a mudança foi drástica e exigiu infinitas adaptações. Como advogada, os processos foram suspensos de imediato. Casos considerados urgentes foram interrompidos. Passados alguns meses, as audiências passaram a ser realizadas virtualmente. O que antes era exceção passou a ser regra.

Como professora, o sentimento foi mais profundo. Não foi fácil passar de aulas presenciais para aulas virtuais. Não ver os alunos presencialmente foi algo que me tocou demais. Em um piscar de olhos, passei a dar aulas mirando somente telas com nomes dos alunos, sem ver seus rostinhos, sem ouvir o "Olá, Professora", sem poder esclarecer dúvidas olho a olho. Tudo isso passou a não existir do dia para a noite.

Tampouco não foi fácil não encontrar os colegas professores e funcionários da Faculdade de Direito nos corredores do *campus*, não poder tomar o café na cantina, não comer mais o pão de queijo em companhia desses amigos, não poder conversar olhando no olho. Até hoje pergunto: quando reencontrarei essas pessoas?

Houve o confinamento, o confinamento como um ato de amor aos meus alunos, aos meus colegas professores e aos amigos funcionários da Faculdade.

Na minha vida familiar, o confinamento foi algo muito novo. Da filha que encontrava a mãe todos os finais de semana, passou a vê-la pela tela do celular. Da irmã que costumava encontrar as outras três irmãs e sobrinhos (sim, tenho três irmãs e cinco sobrinhos), passou a ser a irmã que parecia morar longe: conversas por vídeo no WhatsApp. As conversas passaram a ser diárias e mais profundas. Passamos a conversar de assuntos antes não tratados, a compartilhar experiências sobre como passar um confinamento da forma mais saudável possível. Algumas perdas aconteceram. O confinamento era necessário. Por amor a essas pessoas, não podíamos nos aproximar.

Foi bastante triste ver minha filha adolescente sofrer com a pandemia e, principalmente, com o confinamento. Não poder ver amigas ou amigos, primos ou primas, avós e tias é algo triste. Não poder fazer passeios ou viagens com eles foi algo que afetou demais a menina que completou 15 anos em 2020. Ela nunca sonhou em ter festa de debutante, mas viu seu sonho de fazer intercâmbio cair por terra. Minha filha sofreu muito. Eu me senti privilegiada ao me recordar que a minha adolescência foi totalmente diferente: saía com amigos, participava de bailinhos de garagem, ficava sentada na calçada da minha casa conversando o dia todo. Era assunto que não acabava mais. Eram risadas constantes. Que feliz eu era! Os adolescentes da pandemia não vivenciaram esses momentos. Mas o confinamento era necessário: era preciso proteger seus amigos, suas amigas, primos e primas, tios e tias e avós.

Para o meu marido, espanhol que vivia em São Paulo havia oito anos e necessitava visitar sua família em Barcelona todos os anos, foi bem chocante. O mais triste: ele perdeu seu pai para a pandemia. A razão de tudo isso: o confinamento era um ato necessário por amor a essas pessoas.

Na minha relação com amigos, as mudanças também vieram. Não encontrei meus amigos por um longo tempo. As conversas eram também por WhatsApp. Alguns deprimiram, outros souberam lidar melhor. Também perdi amigos para a Covid-19. Uma grande amiga foi me visitar na calçada do meu prédio. Eu desci e nos saudamos de longe, com lágrima nos olhos. Algo inimaginável. Tudo porque o confinamento por amor era imprescindível.

Se, antes da pandemia, íamos a parques, casa de amigos, de familiares, restaurantes, livrarias, *shows* musicais, cafés, fomos obrigados a buscar prazer em casa. O confinamento como um ato de amor nos fez perceber que podemos encontrar prazer dentro dos nossos lares, se encontrarmos uma paz interior e tirar algo positivo dessa situação tão nova e inesperada. Passei a buscar um autoconhecimento que jamais havia pensado. Passei a meditar.

O meu grande aprendizado em 2020 foi o de que, além dos aspectos negativos do confinamento, já considerado uma forma de tortura, podemos buscar o seu lado positivo, considerando-o como um ato de amor. Com esta reflexão, podemos lidar melhor com os reflexos desta pandemia.

O confinamento como ato de amor é provisório. Logo mais poderemos estar todos juntos, não sei se como antes, já que aprendemos muito em 2020, principalmente a agir pensando além dos muros de nossas vidas, mas, também, pensando na vida das outras pessoas.

Até breve, meus amigos!

2020: TRAGÉDIA OU OPORTUNIDADE?

Marilene Matos

Advogada. Mestre em Direito Público. Professora Universitária.

O ano de 2020 começou como todos os anos: fogos, promessas, lista de desejos. Ceia, cores e abraços. Apesar da falta de lógica nas expectativas e crenças que sempre acompanham esse período, sempre achei positivo a gente ter essa espécie de encontro marcado com a esperança e a promessa de que virão tempos melhores. Por mais que façamos lista de prioridades nesse período, sempre algo sai do nosso roteiro ao longo do ano, sempre seremos surpreendidos pelos acontecimentos. Mas o ano de 2020 mostrou-se um ano fora de série no quesito surpresa.

Os primeiros rumores sobre a chegada do novo vírus em "terras brasilis" deu-se já em dezembro de 2019, mas foi após o carnaval que a notícia ganhou mais ares de concretude. Vimos surgirem então reações extremadas em um e outro sentido: uns apavorados, outros incrédulos. Pouco tempo após o primeiro paciente diagnosticado em São Paulo, um caso em Brasília, minha cidade, provocou algo que seria uma constante durante toda a pandemia: a discussão sobre os limites dos poderes do Estado na imposição de medidas restritivas aos cidadãos para conter a propagação da Covid-19, já que o cônjuge da primeira pessoa diagnosticada na Capital Federal somente se submeteu ao exame para detecção da doença e se recolheu em isolamento após decisão judicial que determinou de forma compulsória tais medidas.

A partir de então, a epidemia declarada aos 11 de março de 2020 pela Organização Mundial de Saúde (OMS) provocou uma verdadeira revolução na rotina das pessoas em geral. Era o começo de um novo tempo para todos. Esse começo de pandemia foi marcado por consultas constantes e neuróticas aos noticiários quanto aos números de mortos e infectados, nas leituras ansiosas de dados e mais dados sobre o vírus. Período de incertezas, de angústias, de adaptações. O ano já despontava sendo marcado por um enorme desafio a ser enfrentado.

A primeira medida de peso dentro dessas novas circunstâncias – as medidas de isolamento – produziu em plano psicológico, financeiro e laboral uma necessidade extraordinária de adaptação por parte de todos. A insegurança decorrente das poucas informações até então disponíveis quanto aos reais impactos da pandemia levaria alguns a estados de pânico e medos incontornáveis. Infelizmente, tais medos se concretizaram para muitas pessoas, pelo elevado número de infectados e mortos, e pelos efeitos imediatos e cruéis sobre a economia e o consumo, que provocaram fome, fechamento de empresas e alta no desemprego.

Dentro desse contexto das medidas restritivas, assomou-se a predominância de uma forma de trabalho que seria adotada durante quase todo o período: o trabalho remoto, o *home office*. A nova forma de trabalhar foi adotada no âmbito das empresas, dos órgãos públicos, das escolas e faculdades. O trabalho remoto viria impactar em uma das relações sociais mais importantes para o ser humano: aquelas construídas pela camaradagem que circunda o ambiente corporativo.

É intuitivo o caráter socializante do trabalho: mais que meramente constituir meio de subsistência, o trabalho promove o relacionamento social e o surgimento de vínculos em decorrência do trabalho em equipe. Não é à toa que a pirâmide de Maslow considera a necessidade de reconhecimento como uma das necessidades mais importantes dos seres humanos. Ocorre que ainda estamos inseridos em uma forma de socialização corporativa que passa pela interação da presença física, o que fez que a pandemia demandasse que este aspecto passasse a ser (re)construído no âmbito das interações virtuais.

A pandemia testou de uma forma quase darwiniana a capacidade de adaptação do ser humano: os mais adaptáveis foram certamente os mais beneficiados ou, pelos menos, os menos prejudicados por tantas novidades e em tantos âmbitos distintos da existência humana. Nesse sentido, se, por um lado, a pandemia retirou o convívio presencial com os companheiros do labor, por outro, propiciou economia de tempo – e tempo é energia – e possibilidades de incrementar as relações por meio virtual. Quem não se lembra da explosão de *lives* que passaram a ocorrer diariamente nas várias redes sociais e os *webinars* que propiciaram tão ricos intercâmbios de ideias de forma tão prática e acessível?

Ademais, no quesito relações, a Covid-19 trouxe possibilidades nunca antes vistas de incremento nas relações familiares. Pais *workaholics* que quase nunca viam os filhos passaram a desfrutar das refeições em conjunto. Cônjuges de quatro horas diárias passaram a enfrentar a dor e a delícia de convivências bem mais alargadas. Os avós começaram a despertar olhares mais cuidadosos dos membros da família. Quem soube se adaptar ao momento e colher os frutos da convivência compulsória da pandemia com certeza se sente agora muito mais pleno nas relações com os entes mais próximos. Talvez, outra oportunidade como esta não mais se repita.

O período desmascarou a falácia da eficiência do trabalho realizado unicamente em espaços corporativos como se toda e qualquer produção de qualidade tivesse como pressuposto um controle e vigilância quase infantis dos seus autores, concretizada pelo olhar atento dos chefes de setor e máquinas controladoras de ponto. A aferição da qualidade do trabalho com base na contabilização em horas de presença física na sala de trabalho foi substituída por avaliação das entregas efetivas que o trabalhador realmente fizer acontecer. Passou-se a valorizar a capacidade de realização, em vez da mera presença física do trabalhador. Será o início de um novo modelo de trabalho, uma era "a la Domenico De Masi", na qual a maioria dos trabalhos são realizados em um ambiente lúdico, em um parque, um quintal, no sofá de casa, vendo as crianças brincarem na varanda? A conferir.

Se o trabalho remoto obrigou a uma nova adaptação com foco na produção, trouxe consigo o ensino a distância, que constituiu, na maioria dos casos, uma oportunidade e um alívio para o ensino adulto, já que uma pós-graduação, por exemplo, passou a ser possível independentemente de qual parte do país ou do globo se encontre o estudante. Já nos ensinos básico e médio, constituiu, com raras exceções, um fato de estresse e de perdas no aprendizado. Em outra mão, o ensino remoto trouxe mais proximidade dos pais ao universo escolar dos seus filhos, bem como propiciou um fortalecimento dos vínculos pela participação nas atividades.

A pandemia mostrou-nos a necessidade de sermos flexíveis, de nos adaptarmos a contextos novos, de enxergamos as situações sob outros pontos de vista. Se a pandemia constituiu uma tragédia grega, repleta de dramas e perdas pessoais e materiais, foi também uma oportunidade quase divina de novos ares e de novos pensamentos e sentimentos. A pandemia trouxe consigo a oportunidade de conciliação de cada um consigo mesmo, a partir do contato com seu interior, amplificada pela diminuição do contato com o mundo exterior. A quem não tinha um bom relacionamento consigo mesmo foi ofertada uma oportunidade imperdível de conciliação. Passamos a "ter que ser" a nossa melhor companhia.

A diminuição drástica das relações sociais e de trabalho, com a ausência de festas, encontros e comemorações, teve um outro efeito colateral: a diminuição do consumo. Além daquele consumo diretamente relacionado ao trabalho presencial (gasolina, cafés, restaurantes), observou-se também impacto significativo no consumo que indiretamente deriva das relações, o consumo que não se justifica para e pelo próprio usuário, mas, sim, "diante do outro" ou para "desfilar para o outro". Vimos que talvez a maioria dos produtos que consumimos tenha como motivador o outro, não se dando por uma necessidade própria.

Entendo a pandemia como o maior motivador do crescimento pessoal que tive a oportunidade de presenciar em toda a minha vida. Como o maior incentivador para que eu treine a capacidade de experimentar novas formas de pensar e sentir o mundo, as relações, o trabalho e a mim mesma. Para desenvolver a resiliência diante do novo, do desconhecido. O maior encontro com meu interior que a vida me proporcionou. A chance única de interagir em outros moldes com minha família e amigos. A oportunidade de ouro de descartar tudo o que não seja importante, abrindo espaço para o que realmente irá de alguma forma me engrandecer e agregar valor como ser humano.

A pandemia trouxe também uma dura constatação: o povo brasileiro é um dos menos amadurecidos do mundo no quesito cidadania. Primados básicos do contrato social mostraram-se ininteligíveis para mais pessoas do que sonhava a nossa vã filosofia. Mais do que a politização de uma pandemia, a crise trouxe à tona o caráter pouco republicano e de consciência coletiva do país, caracterizado por frases como: "e meu direito de ir e vir? "; "fica em casa quem quer, cada um que cuide de sua vida"; "usa a máscara quem quer"; "prefeito ditador", "vacina quem quer", entre muitas outras.

A mesma jovem que pedia orações pela avó entubada com Covid-19 era a que semanas antes postava em plena aglomeração e curtição da vida nas redes sociais. O mesmo paciente que ia correndo procurar atendimento médico e ocupar uma vaga na UTI era o que se recusava a manter um mínimo de isolamento, criticando as medidas restritivas como se fossem condutas de Estado de exceção.

De repente, não mais que de repente, o velho poder de polícia que aprendemos na faculdade, que é um dos pressupostos de constituição do próprio Estado, já que apoiado na supremacia do interesse público sobre o particular, em que cada um abre mão da sua liberdade individual em prol do bem-estar coletivo e da segurança propiciada pela vida em sociedade, passou a constituir um absurdo na ótica de boa parcela da população e mesmo de alguns gestores políticos. Será o triunfo final do individualismo?

Finalizo dizendo que talvez até mesmo esta constatação da pouca cidadania dos nossos cidadãos seja positiva. Afinal, este cidadão analfabeto em termos de civilidade já existia, apenas não havia sido exposto à plena luz do dia. Só se tem chance de mudar o que se conhece. Será esta a nossa chance?

COVID-19: UM VÍRUS LETAL TAMBÉM PARA A SAÚDE MENTAL

Natália Intasqui Lopes

Psicanalista pela Sociedade Brasileira de Psicanálise Integrativa. Radialista pela Fundação Cásper Líbero. Especialista em Teoria Cognitivo-comportamental e *Mindfulness*.

A gripe espanhola era, até hoje, a nossa principal referência de pandemia global. Inevitável compará-la à atual pandemia da Covid-19 (escrevo este artigo em junho de 2021). Precisaremos de décadas para compreender todos os seus impactos. Por isso, sem a pretensão de esgotar a discussão, neste breve ensaio quero trazer ao leitor algumas constatações empíricas sobre a crise mental gerada pela pandemia e maximizada pela internet, o que, por esse motivo, chamo e-pandemia.

Que a internet, especialmente as redes sociais, tornou-se um dos principais gatilhos para diversos transtornos acho que ninguém mais duvida. O que talvez não tenham percebido foi o poder que ela teve de amplificar todos os desafios de uma pandemia. Falo, claro, sem me embasar num grande estudo, para isso ainda precisaremos de tempo. O que uso aqui é uma constatação empírica. Explico.

Logo no início da pandemia, profissionais da saúde começaram a ser os mais demandados. Primeiro foram as equipes médicas e, com os meses de isolamento, os profissionais da saúde mental. A demanda superou a oferta. Impossível atender a todos. Seja porque nem todo mundo possui recursos financeiros, ou mesmo porque os profissionais, igualmente estafados, estavam com suas agendas lotadas.

Como forma de dar minha contribuição, resolvi criar gratuitamente grupos de terapia *on-line*, dessa forma, atenderia mais pessoas no mesmo intervalo de tempo de uma terapia individual, apesar de serem técnicas de atendimento diferentes. Mesmo sem saber por quanto tempo se prolongaria, iniciamos os encontros, dando lugar sobretudo para aqueles que não possuíam recursos para um tratamento psicológico de qualidade.

É com base nesses grupos e também nas terapias individuais que escrevo esta breve análise. Com eles, pude começar a entender como o ser humano estava lidando com a pandemia e quais eram os seus principais desafios.

Os grupos são heterogêneos, formados cada um por dez indivíduos, de vários estados diferentes, desde profissionais de recursos humanos até farmacêuticos, contadores, funcionários de supermercado etc. Desconhecidos com diferenças socioeconômicas, culturais e etárias, relacionando-se e percebendo que, independentemente do cargo que ocupam, do quanto ganham e de onde moram, enfrentavam as mesmas dores.

O fato de perceberem que não estavam sozinhos em sua dor, que não eram os únicos a sentir aquela mistura de sentimentos, sensações, emoções, deu-lhes força. Cada um contribuía à sua maneira e conforme os seus conteúdos, vivências e o momento pelo qual estavam passando. Aqui vale ressaltar que praticamente todos, em alguma ocasião, tiveramos sintomas da crise acentuados. Por isso, os que haviam encarado e superado um momento de maior fragilidade davam suporte àqueles que estavam vivenciando a aflição. Paralelamente, eu norteava as discussões e reflexões e realizava as provocações necessárias para ajudar cada um a encontrar o melhor caminho.

Por meio da fala e da escuta, cada integrante do grupo é capaz de enxergar seu papel nos relacionamentos em que está inserido e repensar a forma como interage com as pessoas do seu convívio. Diferentes perspectivas sobre o mesmo assunto colaboram para que isso aconteça. Confesso que, sofrendo as mesmas aflições de quem também está inserida nesse contexto pandêmico, muitas vezes me vi extrair das discussões aquilo que também precisava.

Essa é a vantagem de estarmos diante de uma e-pandemia. Isso porque em 1918, quando o mundo viveu o pânico e a incerteza da Gripe Espanhola, a psicanálise e os atendimentos psicológicos não eram comuns. A psicanálise foi criada por Sigmund Freud no final do século XIX. Freud faleceu em 1939, e até a sua morte ele trabalhou na elaboração de sua teoria psicanalítica, reformulando e estudando a fundo o funcionamento da psique humana. Nessa época, pôde vivenciar alguns dos acontecimentos sociais de sofrimento coletivo mais marcantes e desafiadores da história: a Primeira Guerra Mundial e a Gripe Espanhola. Algumas de suas teorias mais conhecidas e que até hoje servem de base para o estudo do aparelho psíquico foram formuladas com base nesses acontecimentos e na forma como eles afetaram a sociedade como um todo. Aliás, ele perdeu uma de suas filhas para a pandemia da época.

Já durante a Primeira Grande Guerra, Freud ocupou-se em elaborar sua teoria para compreender as motivações que levaram à guerra e à polaridade política global. O atendimento psicanalítico, todavia, era visto como algo elitizado, inacessível, pouquíssimo utilizado e não tinha ainda o seu valor e importância amplamente reconhecidos. Freud, por sua vez, insistia para que os pacientes oriundos da guerra fossem tratados como seres complexos que eram – com desejos, sentimentos e opiniões –, não como "meros doentes".

Ou seja, tanto naquela época como agora, ansiedade, depressão, insegurança e outros problemas também existiam, a diferença é que hoje os tratamentos psicológicos estão avançados, mas, em contrapartida, estamos passando por tudo em tempo real, pela internet, recebendo uma enxurrada de informações que, verídicas ou *fake*, impactam o nosso emocional.

No último ano, na posição de psicanalista, acompanhei dezenas de pessoas lutando para compreender o que estava acontecendo, aceitar o cenário imposto pelo vírus, lidar com a incerteza, a insegurança, o luto, o medo, a solidão, o tédio, ao mesmo tempo que também me vi sofrendo para tentar entender o que estava acontecendo comigo, e lidar com as mesmas aflições que me reportavam diariamente. Terapeuta e paciente sofrendo das mesmas dores.

Numa torrente incessante, pessoas sentavam e relatavam, por horas, os mesmos problemas. Todas elas vivendo basicamente as mesmas questões, embora o impacto seja único para cada indivíduo, que o vivia a seu modo. Ouvir, sessão após sessão, indivíduos lutando para ficar bem diante das maiores dificuldades que já enfrentaram na vida, vendo em você a bússola que os ajuda a manter o norte, enquanto você também está travando a mesma batalha. Lembrando o clássico Titanic, o terapeuta precisa se manter como aquele que toca as músicas finais para acalmar a todos.

Olhar o passado para entender o futuro é fundamental. O problema é que estamos diante de um desafio novo, carente de histórico para nos direcionar. A gripe espanhola acena para possíveis soluções, mas na era da internet, da tecnologia e da hiperconexão, tudo é mais desafiador.

Para se ter uma ideia, segundo pesquisa realizada no final de 2020 pelo Ministério da Saúde, 86,5% dos indivíduos pesquisados apresentavam ansiedade, 45,5% transtorno de estresse pós-traumático e 16% apresentavam quadro de depressão grave, além de um aumento de 38% no uso de remédios psiquiátricos controlados. Outra pesquisa, esta realizada pela Universidade Federal do Rio Grande do Sul (UFRGS), relata que 68% da população desenvolveu sintomas depressivos e 80% dos brasileiros apresentavam sintomas ansiosos desencadeados durante o período de pandemia. Isto é, a pandemia nasceu como viral e se transformou, ainda, em emocional.

Soma-se a isso o fato de que ficar isolado, em quarentena ou em *lockdown*, trouxe outros inúmeros problemas, como aumento da violência doméstica, dos divórcios etc. Quem tinha problemas com filhos, maridos, pais, viu-se tendo que conviver com eles 24 horas por dia. Todos foram obrigados a equilibrar casamentos, *home office*, aulas *on-line* etc., e o resultado não foi bom. E o pior: enquanto escrevo este ensaio, a pandemia ainda não tem prazo para terminar.

Até aqui, um único consenso: a incerteza. Esse é o ponto central para o desencadeamento de todos os demais transtornos. O fato de não sabermos quando isso vai acabar, de que forma vamos atravessar essa situação, se sairemos dessa pra contar a história, se perderemos pessoas próximas…

Buscamos o controle a todo custo e a falta dele é responsável por desestabilizar todo o nosso emocional. É o "não saber" que destrói o psicológico. Isso, porém, é um erro que sempre aconteceu, mas teve sua consequência agravada na pandemia. Passamos a maior parte do tempo nos convencendo de que temos controle sobre tudo ao nosso redor, tentando controlar as decisões das pessoas, as ações, os sentimentos, mas a pandemia mostrou uma vez mais que isso não é possível. Estamos aprendendo da pior forma. É a expectativa de conseguir fazer tudo como você planeja e que quando quebrada desestabiliza seu emocional.

Temos a falsa ideia de que temos o controle e com isso podemos antecipar problemas e agir para que eles não aconteçam. Agora, pense: quantas situações você antecipou e que aconteceram exatamente da forma como você previu? Você previu ou fantasiou o que poderia acontecer? Refletindo sobre isso, você percebe que nós fantasiamos coisas que sequer acontecerão. A ansiedade que a possibilidade de algo acontecer gera faz que soframos como se de fato já tivesse acontecido, quando, na verdade, sequer chega a acontecer.

Nesse contexto e de todo o exposto, teremos como legado da pandemia, por longo prazo, todos os traumas de termos passado pelo que estamos passando e também de termos sofrido por antecipação aquilo que nem mesmo acontecerá.

Síndrome do Pânico, Transtorno de Ansiedade Generalizada, Transtorno Obsessivo Compulsivo e, em grande escala, Síndrome de *Burnout* estarão em pauta por muitos anos. A propósito, um estudo indiano publicado no *Asian Journal of Psychiatry*, em dezembro 2020, já fala em um novo transtorno psicológico, o coronafobia, que nada mais é que o medo e a preocupação excessivos desencadeados por gatilhos mentais ativados pela exposição a situações que aumentam as chances de contato com o coronavírus.

Uma coisa é certa, precisaremos de muitos anos, trabalho e estudo para compreender a fundo o impacto real de toda essa experiência.

SOLIDARIEDADE: APENAS MAIS UMA NARRATIVA...

Otavio Torres Calvet

Juiz do Trabalho no TRT/RJ. Mestre e Doutor em Direito do Trabalho pela Pontifícia Universidade de São Paulo (PUC-SP). Colunista da revista eletrônica *Consultor Jurídico - Conjur*. Coordenador Pedagógico e Professor da Pós-Graduação *on-line* da Faculdade Atame e do Atameplay. Membro honorário do Instituto dos Advogados Brasileiros (IAB). Pesquisador do Grupo de Estudos de Direito Contemporâneo do Trabalho e da Seguridade Social (GETRAB-USP). Diretor da Escola Associativa da Associação Brasileira de Magistrados do Trabalho (E-ABMT).

Todos nós tivemos uma grande oportunidade durante o isolamento social: avaliarmos nossas próprias narrativas, olhando para dentro, enquanto o mundo paralisava do lado de fora. Óbvio que o ideal seria não precisarmos de um vírus letal para uma mudança do comportamento humano, mas foi assim que aconteceu. Ou pelo menos deveria ter acontecido.

Nos primeiros meses da pandemia, com *lives* solidárias, aniversários por videoconferência, redes sociais abarrotadas de conselhos e lições profundas, imaginei que poderíamos efetivamente mudar o patamar evolutivo de nosso planeta, exercitando a compaixão, compreendendo as diferenças, valorizando o convívio inviabilizado de forma abrupta.

Passados cerca de 18 meses do início desta tragédia mundial, percebo que tudo não passou de mais uma narrativa. Bonita, esperançosa, mas, ainda assim, apenas uma narrativa. A bem da verdade, neste tempo dedicado a mim mesmo e aos meus familiares, pude criar um olhar crítico para quem se alimenta de narrativa e, assustadoramente, creio que a maioria de nós não passa disso: uma imagem produzida para agradar aos outros e a si mesmo.

Penso, inclusive, que nunca estivemos tão afastados de nós mesmos e, por normalizarmos a vida por uma narrativa, exigimos dos outros a mesma coisa. A verdade pouco importa, o agir conforme a consciência não interessa, o importante é não quebrar a narrativa para não perder o sentido da vida.

As redes sociais, como muitos já perceberam, exacerbaram o lado humano voltado para a vaidade, numa busca sem sentido de curtidas por estranhos, gerando um novo *status* de popularidade e sentimento de inclusão social, que pode virtualmente gerar um sentimento de pertencimento, mas, no calar da noite, transforma-se em solidão.

Cada vez mais as pessoas mostram quem não são para esconder quem são na realidade. E aí entra a defesa das narrativas, que precisam ser defendidas violentamente para não se cair no vazio existencial. Nunca vivenciamos tamanha agressividade entre as pessoas pelo simples fato de se discordar, sinal de que aquele lindo sentimento inicial de solidariedade na pandemia não passou de mero espetáculo.

Na minha visão, pude notar o mesmo infeliz fenômeno nas relações pessoais e no meio do trabalho, principalmente no debate de ideias no campo do Direito do Trabalho, o que reforça minha convicção de que a cada dia retrocedemos como coletividade, distanciando-nos do valor mais caro ao cristianismo e, de certa forma, a todas as religiões, o amor. Amar o próximo ainda está longe do amar a si mesmo.

As relações pessoais revelaram que a regra é ninguém querer sofrer perdas. Presenciei descumprimento de promessas, mentiras e omissões no que concerne à exposição ao coronavírus, uma espécie de roleta-russa, sob o manto da impossibilidade de se rastrear a origem de eventual contaminação.

Como ninguém pode ter certeza do exato momento do contágio, psicologicamente todos se sentem imunes à responsabilidade de levar outrem à morte. Sim, um comportamento leviano, durante a pandemia, produziu fatalidades, dizimando famílias, interrompendo vidas, um dano irreversível.

Poucos aceitaram perder oportunidades para preservar o próximo, muitos mantiveram suas rotinas independentemente das possíveis consequências a terceiros. A única forma de se proteger, pelo menos antes de se ter algum conhecimento sobre a nova doença, foi suportar individualmente a insanidade coletiva. E isso também teve um preço.

O peso de ser consciente e verdadeiro, quando a maioria prefere uma narrativa, provoca efeitos nefastos, a iniciar por uma onda de isolamento e a finalizar por se tornar alvo de constantes agressões. Como já dito, qualquer um capaz de fissurar a narrativa coletiva se transforma em inimigo a ser calado e cancelado.

Não estou falando de política, de esquerda ou direita, progressistas ou conservadores, nada disso, até porque tais conceitos não são precisos e não tenho por hábito classificar as pessoas, da mesma forma que não desejo ser taxado de nada. Aliás, criar classificações e divisões é o primeiro passo para o isolamento, a agressão e a escalada do totalitarismo, pois permite a exclusão dos grupos considerados perigosos para determinada narrativa.

Falo da convivência entre os pares, muitas vezes na própria família, contaminada pela onda de polarização que assola o mundo, tudo com base em conceitos, notícias e conclusões retiradas de poucas linhas ou imagens em redes sociais. Poucos buscam o sentido real por trás do que é exposto levianamente como verdade única.

O único caminho possível para se conviver, portanto, passa a ser o silêncio. Deixar de opinar e de se manifestar constitui uma inteligente alternativa a fim de manter o contato social, o que acaba alimentando a espiral de ódio e violência dos intolerantes verborrágicos. Isso ou, simplesmente, reduzir ao máximo o círculo de pessoas que podem ser interlocutores razoáveis, não para que concordem com o seu pensamento, mas que saibam ouvir, divergir, dialogar e produzir algo melhor para todos.

Triste, não? Mas reflita: quantas vezes você desistiu de falar em um grupo ou de postar um comentário em rede social pensando na provável reação violenta dos interlocutores? Com quantas coisas você não concorda e simplesmente deixa passar para não se aborrecer? E assim caminhamos largamente para institucionalizar a intolerância.

No campo profissional, tanto pior. Resolvi, nessa quadra da minha carreira (24 anos de Magistratura do Trabalho e 20 na docência), expor minhas ideias, o que faço semanalmente em minha coluna no *Conjur*, Trabalho Contemporâneo. Esperava o debate, a divergência, a construção coletiva. Ledo engano.

Passados alguns meses dessa nova experiência, já pude perceber que meu pensamento provoca reações violentas de quem não concorda, elogios maravilhosos dos que concordam e, de forma geral, um grande silêncio de quem não quer se comprometer. Talvez seja um sintoma de uma sociedade ainda traumatizada, jovem no exercício da democracia, mas experiente em agressões.

A área trabalhista, talvez mais que as outras no Direito, seduz por possuir uma linda narrativa de busca de justiça social, erradicando desigualdades, efetivando a luta de classes em prol dos trabalhadores, consertando o desequilíbrio entre as partes, exigindo que todos os atores sociais tenham esta mesma visão de mundo, inclusive o Juiz do Trabalho.

Sim, há um reclame para que nós, Magistrados, sejamos ativistas em prol de uma causa, deixando de aplicar leis que sejam consideradas ruins ou um retrocesso social, como muitos consideram a Reforma Trabalhista. Há um elogio ao Juiz que assim atua, um verdadeiro humanista que utiliza de seu poder para fazer a tão sonhada justiça social.

Essa narrativa é antiga e imaginei eu que, com a pandemia, algo pudesse ser diferente. Afinal de contas, nunca a atividade empresarial foi tão impactada no Brasil, nunca a economia sofreu tanto, nunca os postos de trabalho se extinguiram com tanta rapidez. A tão falada solidariedade trabalhista agora, pensei, vai atuar em prol do empregador.

Novo engano. Percebi que a regra na área trabalhista é as pessoas exercerem empatia apenas com o trabalhador, por razões óbvias e, ainda, por doutrinação. Sim, na própria Escola Judicial do Tribunal Regional do Trabalho da 1ª Região, Rio de Janeiro, onde atuo como Magistrado, criou-se programa, em gestões passadas, de desenvolvimento de alteridade dos juízes para com os trabalhadores excluídos. Louvável, não fosse um único fato: jamais fizeram o mesmo em relação aos empregadores.

E não se diga que o Juiz do Trabalho possui natural empatia com a classe patronal, fruto de integrarmos uma elite nacional. A regra, para os que não sabem, é de admissão de novos juízes por concurso, a maioria sem nunca sequer ter sido empregado, muito menos empregador, exercendo a primeira experiência profissional ou, quando muito, tendo sido servidor público preteritamente (meu caso, inclusive).

Assim, a necessária solidariedade com quem move o país, gerando postos de trabalho, não se concretizou na prática. Nosso país, é bom frisar, não é feito por grandes conglomerados capitalistas selvagens, que buscam lucro máximo em detrimento do ser humano trabalhador. Não, somos formados por uma imensa maioria de micro e pequenos empresários, que empregam a maior parte da população ativa.

O empresariado brasileiro em sua maioria, portanto, praticamente trabalha lado a lado com seus empregados, enfrentando as inúmeras dificuldades, a legislação complexa, a carga tributária elevada e, de quebra, as decisões ativistas do Poder Judiciário que geram uma enorme insegurança jurídica.

A pandemia poderia ter gerado um sentimento de aproximação, de integração, de exercício solidário de reconhecimento das necessidades recíprocas, com tolerância para quem precisou enfrentar um cenário econômico inimaginável sem nenhum tipo de garantia, sem saber nem por quanto tempo deveria permanecer nesse novo ritmo de vida.

Ao contrário, a prática da jurisdição em Vara de Primeiro Grau demonstra o oposto. Continuam as mesmas reclamações trabalhistas, cada um pensando primeiro no seu direito sem enxergar as necessidades dos outros, uma lástima de comportamento do ponto de vista da compaixão.

E no próprio debate jurídico, o distanciamento está cada vez maior. Qualquer opinião que abale a narrativa construída em prol da pauta de direitos humanos transforma o emissor em capitalista selvagem, destruidor do Direito do Trabalho, inimigo da advocacia trabalhista, porta-voz do neoliberalismo.

Claro que somos todos a favor da realização dos direitos fundamentais, óbvio que queremos a erradicação das desigualdades. A questão, que humanistas progressistas não explicam, é quem deve pagar esta conta, pois, ao fim e ao cabo, a implementação de direitos trabalhistas gera um custo, sendo fácil teoricamente atribuí-lo a outrem, quando os criadores da tese repousam tranquilamente em suas casas, devidamente isolados e sem correr qualquer risco.

Fico, portanto, refletindo sobre os caminhos que devemos tomar com base nessas constatações que, felizmente, pude tomar durante meu período de olhar para dentro. Além de simplesmente continuar sem me importar com a violência alheia, vejo a necessidade de exercitar a compaixão para compreender este fenômeno social que defende mais as narrativas do que as verdades.

Com gentileza e doçura, continuarei produzindo o que penso ser necessário para melhorar o mundo à minha volta, crendo que fiz o necessário para justificar minha presença nesta época e neste local. Mudei a mim mesmo e não espero a aprovação de ninguém, pois as pessoas que me amam estão ao meu lado, concordando ou não comigo.

Dedico esta breve reflexão à grande responsável por minha felicidade, esperando que possa retribuir minimamente por toda a dedicação e amor que recebo. A você, Roberta, minha linda esposa. Não há isolamento social quando você está ao meu lado. Eu te amo.

O DIA EM QUE O DIREITO PRIVADO PAROU

Paulo Henrique Martins de Sousa

Bacharel, Mestre e Doutor em Direito pela Universidade Federal do Paraná (UFPR). Visiting Researcher no Max-Planck-Institut für ausländisches und internationales Privatrecht. Ex-Professor da Universidade Estadual do Oeste do Paraná (Unioeste) e da Universidade de Brasília (UnB). Professor de Direito para concursos públicos. Coordenador da Pós-Graduação na Unyleya. Parecerista *ad hoc* e membro de conselhos editoriais de diversas revistas. Consultor jurídico. Autor de diversas obras jurídicas. Advogado em Brasília-DF.

Em 1951 era lançado O dia em que a Terra parou, em plena Guerra Fria. O filme de Robert Wise é, em larga medida, um apelo para o fim do conflito, que ainda estava na fase inicial, e narra a chegada de um alienígena que faz todas as máquinas elétricas do planeta pararem, de modo a frear o ímpeto bélico. Uma mensagem pacifista um tanto otimista.

Em 1977, inspirado no filme, sai o novo álbum de Raul Seixas, homônimo. A faixa principal, de mesmo nome, narra o "dia em que todas as pessoas do planeta inteiro resolveram que ninguém ia sair de casa, como que se fosse combinado". E ninguém saiu porque sabiam que os demais também não sairiam. Uma mensagem cifrada, quase niilista.

Em 26-2-2020, o Governo Federal identificou o primeiro caso de contaminação de Covid-19 no Brasil, de um cidadão brasileiro que retornava da Itália. Eu estava em Nova York, de férias, e via no noticiário local as primeiras notícias sobre o assunto, ainda alheio ao impacto que a pandemia teria. Dias depois, o Ministério da Saúde reconheceu que a pandemia era global e os aeroportos de praticamente todo o mundo foram fechados ao tráfego internacional. Por muito pouco não fiquei em quarentena.

A doença logo começou a vitimar milhares de brasileiros. O Congresso Nacional aprovou o auxílio emergencial e os estados e municípios começaram a editar as primeiras regras restringindo o trânsito e permanência das pessoas fora de casa.

Como que parafraseando Wise, inúmeras máquinas pararam de funcionar. Os transportes aéreo e marítimo praticamente cessaram. Como que parafraseando o *maluco beleza*, bilhões de pessoas resolveram não sair de casa. O Observatório Real da Bélgica apontou que a Terra girou frações de segundo mais lentamente em 2020, por conta da redução abrupta e espraiada da atividade humana em nível global; a Terra quase literalmente parou, por nanossegundos.

O arcabouço jurídico, claro, não estava preparado. Uma gama legislativa descomunal foi editada nas esferas municipal, estadual e federal. Aponto quatro normas federais de suma importância: a Lei nº 13.979, de 6-2-2020 – que dispõe sobre as medidas para enfrentamento da emergência de saúde pública de importância internacional decorrente do coronavírus –, a Lei nº 13.982, de 2-4-2020 – que dispõe sobre parâmetros adicionais de caracterização da situação de vulnerabilidade social para fins de elegibilidade ao benefício de prestação continuada (BPC) –, a Lei nº 14.010, de 10-6-2020 – que dispõe sobre o Regime Jurídico Emergencial e Transitório das relações jurídicas de Direito Privado (RJET) – e a Lei nº 14.020, de 6-7-2020 – que institui o Programa Emergencial de Manutenção do Emprego e da Renda.

Duas delas – Leis nº 13.979 e nº 13.982 – têm caráter público, vinculadas, respectivamente, às medidas sanitárias a tomar e ao auxílio emergencial às pessoas em situação de vulnerabilidade. Duas delas – Leis nº 14.010 e nº 14.020 – têm caráter privado, vinculadas, respectivamente, às relações jurídicas interprivadas *lato sensu* e às relações de emprego. Evidente que não se propõe uma dicotomia entre Direito Público e Privado estanque, haja vista que, sob as lentes jusprivatísticas, todas elas tiveram impactos relevantes na seara privada.

Algumas dessas mudanças são, como os próprios nomes dizem, temporárias, emergenciais; outras, porém, têm feição mais perene, como já vem acontecendo. Tomarei o RJET como exemplo, para ilustrar mudanças que evanescem automaticamente e mudanças que se mostram alternativas de continuidade.

O art. 3º do RJET prevê que não correm os prazos prescricionais e decadenciais desde a entrada em vigor da lei até 30-10-2020. Essa norma, apesar da vigência demasiada curta, tende a dissipar-se. Não há sentido em manter a regra para além do período pandêmico, em que pese tivesse ela de ter sido alongada para 2021, época na qual o ápice da mortandade ocorreu.

Já o art. 12 do RJET prevê a realização de assembleia condominial, até 30-10-2020, por meios virtuais. O sucesso da medida foi tamanho que o art. 43 da Lei nº 14.195, de 26-8-2021 – que dispõe sobre a facilitação para abertura de empresas –, acrescentou o art. 48-A ao Código Civil, ampliando enormemente sua aplicação. Segundo a norma, as pessoas jurídicas de direito privado passam a poder realizar suas assembleias gerais por meios eletrônicos.

Ou seja, a norma emergencial e transitória demonstrou-se não apenas viável, como desejável; não apenas aplicável aos condomínios de propriedade no espaço e no tempo, como também a todas as pessoas jurídicas de direito privado, incluindo, de maneira genérica, sociedades, associações, fundações etc. A *parada* legislativa, assim, foi profícua em termos estruturais ao Direito Privado, tornando-se perene.

A Lei nº 14.020/2020, de cunho trabalhista, junta-se a tantas reformas realizadas antes e depois da pandemia, refletindo a perspectiva de drástica mudança no mercado de trabalho nacional no porvir. A pandemia recrudesceu a chamada flexibilização laboral e muitos veem aí os indícios da propalada *retomada em K* da economia.[1]

---

1 Em síntese, uma depressão econômica geralmente tem a forma gráfica de um U, um V ou um W. Respectivamente, depressão e retomada suaves, depressão e retomada em rajada ou depressão e retomada vacilantes. Os economistas apontam que a pandemia do coronavírus tem caráter estrutural, de mudança abrupta, rápida e desigual entre setores. Dessa forma, alguns setores da economia não apenas se recuperarão rapidamente, como experimentarão extraordinário crescimento, ao passo que outros setores não apenas não se recuperarão como entrarão em estagnação ou afundarão. A pandemia, assim, acabará por aprofundar, no longo prazo, a desigualdade social, espera-se. Nesse sentido, *vide* o aumento extraordinário do valor de mercado de gigantes de vendas como a Amazon e o fechamento de inúmeros negócios familiares centenários. Sobre o tema, recomendo: <https://www.businessinsider.com/k-shaped-recovery-definition>. Acesso em: 6 set. 2021.

Apesar de ter caráter temporário, portanto, a Lei insere-se num contexto maior de perenização de mudanças laborais. As duas normas de cunho eminentemente privado, assim, mostram que a pandemia fora impactante em seu início, mas também forçará mutações mais duradouras.

As duas normas de cunho nuclearmente público, por sua vez, trouxeram consequências talvez até mais peremptórias na seara privada, ainda que de maneira indireta. A Lei nº 13.979/2020, a *Lei da Pandemia*, trouxe maior intervencionismo estatal na esfera de direitos fundamentais, especialmente no que tange à liberdade.

Diante da inação e desorganização do Governo Federal, estados e municípios passaram a legislar a respeito do assunto. Ato contínuo, muitas dessas normas passaram a ser questionadas perante o Supremo Tribunal Federal, que colmatou a normatização à luz da Constituição Federal de 1988 e declarou (in)constitucionais várias delas. Leis e decisões passam por intenso escrutínio público e ressurgem nas discussões sobre a polarizada política brasileira, reiteradamente. O tensionamento entre as esferas federal, estadual e municipal, bem como entre o Judiciário, o Executivo e o Legislativo, tornou-se frequente, numa quase *bellum omnium contra omnes* hobbesiana.

Ressalto, quanto à *Lei da Pandemia*, dois julgados do STF. Na ADI nº 6341, reconheceu-se a competência sanitária comum aos entes federados. Na ADI nº 6764, manteve-se a constitucionalidade dos decretos estaduais que estabeleciam *lockdown*. No âmbito do Direito Privado, isso significa a possibilidade de adoção de medidas de isolamento social, realização compulsória de exames e tratamentos médicos e laboratoriais, restrição temporária e excepcional de entrada e saída do país, requisição de bens e serviços de pessoas; em outras palavras, restrição de direitos individuais, especialmente a liberdade, de maneira proporcional, temporária e excepcional.

Já a Lei nº 13.982/2020, que trouxe o auxílio emergencial, permitiu que milhares de pessoas, com suas rendas comprometidas diante dos impactos da pandemia (virtual desaparecimento de demanda, *lockdowns* e risco sanitário e morbidade pessoal), pudessem gozar de benefício securitário público. Em termos de Direito Privado, a norma mostrou-se um alívio, ainda que paliativo e aquém do necessário, a pessoas físicas e jurídicas cuja sobrevida passou a depender de fatores externos.

Mas, a *Terra parou para todos*.

"O empregado não saiu pro seu trabalho, pois sabia que o patrão também não tava lá (...). E nas Igrejas nem um sino a badalar, pois sabiam que os fiéis também não tavam lá (...). E o aluno não saiu para estudar, pois sabia, o professor também não tava lá", como diz a música. A indefinição sobre o fim da pandemia, o crescimento explosivo de casos e óbitos e a depressão econômica aguda foram os componentes para uma nova onda de questionamentos sobre protocolos médicos. Tratamento precoce, cloroquina, vacinas chinesa e inglesa, *lockdown* e tantas outras questões foram sintetizadas numa simplista e binária problemática: saúde ou economia.

O Direito Privado passa a ser vinculado à possibilidade de prescrição *off label* de tratamentos, à reabertura do comércio, à liberdade de escolha no uso de máscara facial e de vacinação; a um viés *liberal*, vinculado à economia. O Direito Público, por sua vez, passa a ser vinculado à obrigatoriedade da vacina, ao *lockdown*, à possibilidade de restrição de direitos por descumprimento de medida sanitária; a um viés *estatal*, vinculado à saúde.

De maneira desconcertante, a pandemia torna-se questão de *esquerda* ou *direita*, de *economia* ou *saúde*, de *governo* ou *oposição*. Direito Público e Privado tornam-se tese e antítese incapazes de formar uma síntese lógica e congruente. O arcabouço político-normativo espicaça-se, e nem saúde nem economia parecem deslanchar.

O complexo normativo pandêmico (alicerçado, em especial, pelas Leis nos 13.979, 13.982, 14.010 e 14.020, todas de 2020) precisa ser compreendido para além dessa oposição político-axiológica, porém. É necessário que possamos superar o viés que demarca as fronteiras e possamos alcançar a prudência exigida para os tempos estranhos nos quais vivemos de modo a extrair desse momento ímpar um recolho normativo que se manterá para a posteridade.

Os problemas apresentados pela Covid-19, hodiernamente, têm uma riqueza normativa ainda a ser bem explorada. A legislação da pandemia mostra-se relevante para o Direito Privado na medida em que demonstra a falibilidade da normatização tradicional, assentada no primado da segurança jurídica.

A pretensão de que o Direito traga segurança é, no mínimo, irrazoável. A Economia, a Medicina, as ciências em geral não conseguem promover segurança num momento tão peculiar da história humana. O momento é de incerteza, e a incerteza costuma ser combustível para a radicalização. Juridicamente, é necessário que *paremos*, e possamos analisar de maneira mais desapaixonada o fenômeno normativo.

No Direito Privado, podemos obter lições valiosas para *o dia* – depois – *em que a Terra parou*. A previsão de assembleia virtual para as pessoas jurídicas é notável, nesse sentido. É indubitável o ganho havido nessa mudança provocada pela pandemia.

De outra banda, as atuais discussões a respeito da possibilidade de demissão por justa causa de empregado que se nega a passar pela vacinação ou da obrigatoriedade de *passaporte sanitário* em estabelecimentos privados exigem maturação. A pandemia, quando *parou* o mundo, parou também o Direito Privado, que vai se ajustando, paulatinamente, a tantas mudanças, mudanças que geram menos certeza e menos segurança, ao certo.

PANDEMIA E PANDEMÔNIO

Rodrigo Francisconi Costa Pardal

Formado em Direito pela Pontifícia Universidade Católica de São Paulo (PUC-SP). Especialista em Direito Penal pela Escola Superior do Ministério Público e pela Universidade de Salamanca, Espanha. Mestre e Doutorando pela PUC-SP. Assistente jurídico em segunda instância do Tribunal de Justiça de São Paulo. Professor de Direito Penal do Damásio Educacional. Autor e Palestrante.

A expressão que consta no título do artigo foi mencionada por Gonzalo Vecina Neto, fundador da ANVISA,[1] ao dizer que "temos no Brasil um presidente ensandecido e malinformado, que ainda vê a imunidade de rebanho como a solução". Se a ideia da presente obra é deixar um registro histórico para outras gerações, é preciso estabelecer a premissa de que estes escritos não envolvem uma análise político-partidária, mas humanitária; não buscam uma crítica política, mas o esclarecimento sobre a distopia que se impôs sobre nós justamente no momento que já poderia ser tido como o mais problemático da história do nosso país.

Passado um ano e meio desde que a pandemia chegou ao Brasil, hoje é bastante nítido para mim que temos internamente um problema muito maior e mais destruidor que o vírus, chama-se Jair Messias Bolsonaro. Pode ele ser chamado de fascista? Nazista?

Não tratarei aqui, por não ser o escopo do artigo, de aspectos conceituais de tais movimentos. De todo modo, as leituras de Umberto Eco (*Fascismo eterno*), Theodor Adorno (*Aspectos do novo radicalismo de direita*) e de Jason Stanley, professor da Universidade de Yale (*Como funciona o fascismo*), podem servir de referência, havendo inclusive

---

[1] Disponível em: <https://www.bbc.com/portuguese/brasil-58276775>.

palestra deste último disponível no YouTube, em que, ao tratar do fascismo, refere-se a Bolsonaro ao menos duas vezes como exemplo.[2]

A relação, no mínimo amistosa e de companheirismo, entre Bolsonaro e o nazifascismo é antiga, tendo sido encontrada por uma pesquisadora carta escrita em 2004 assinada por ele e direcionada a um *site* neonazista,[3] em que diz serem "a razão da existência do meu mandato". De todo modo, coloquemos aqui o benefício da dúvida. Há a possibilidade de ser somente mais uma carta genérica dirigida a mais um grupo com escopo de angariar ou manter bases de eleitores.

Durante sua campanha, um dos motes foi "Brasil acima de tudo", mesmo lema (*Deutschland über alles* – Alemanha acima de tudo) de uma canção alemã composta em 1841, hino nacionalista que até então não havia tido tanta repercussão, mas passou a fazer parte do hino nazista por ser considerada pelo chanceler do III Reich a "mais sagrada de todas". Foi justamente esta canção que ecoou no Estádio Olímpico de Berlim quando Hitler chegou ao local nas Olimpíadas de 1937. No período pós-Segunda Guerra, referida estrofe, por ter ganhado conotação nazista, foi extirpada do hino alemão. De todo modo, manterei o benefício da dúvida, afinal, o termo nacionalista bastante genérico pode ser adotado em diversos países e isso pode ser mera coincidência.

Já durante seu mandato, pode-se lembrar também do vídeo feito pelo então ministro da Cultura, Roberto Alvim, que copiou o discurso de Joseph Goebbels, na estética (fundo, roupas e maquiagem), no discurso (copiou trechos inteiros) e na música (elegeu a ópera romântica Lohengrin, composta e escrita pelo alemão Richard Wagner, o preferido de Hitler).[4] Aqui, em que pese a fidelidade a sinais de Goebbels e o fato de Roberto Alvim não ser exatamente uma pessoa desinformada (formou-se pela Casa das Artes de Laranjeiras (CAL), na qual também lecionou História do Teatro e Literatura Dramática, entre 2000 e 2004; foi diretor do Teatro Ziembinski, no Rio de Janeiro, de 2005 a 2007), também se poderia dizer que foi um ato isolado e Bolsonaro não tem como controlar tudo que ocorre ou tudo que é produzido em seu governo. Portanto, dá-se o benefício da dúvida novamente.

---

2 Disponível em: <https://www.youtube.com/watch?v=aHGCen_h_xE>.

3 Disponível em: <https://theintercept.com/2021/07/28/carta-bolsonaro-neonazismo/>.

4 Disponível em: <https://jornalistaslivres.org/roberto-alvim-secretario-cultura-bolsonaro-wagner-musica-nazista-hitler/>.

Posteriormente, ainda houve o ato de Felipe Martins, então assessor especial da Presidência da República, a simbolizar a supremacia branca. Os três dedos esticados simbolizaram a letra "w" de *White* e o círculo formado representa a letra "p" de *power,* formando a expressão *white-power*. Trata-se de gesto criado justamente para se manifestar de modo racista com sutileza, dissimulando-se, não à toa que, ao ser indagado, ele disse que apenas ajustava seu terno. Aqui também pode se objetar a crítica com o mesmo argumento do então ministro da Cultura.

Mais recentemente, notória a tomada de espaço pela extrema-direita mundo afora,[5] inclusive na Alemanha, onde o AfD (Alternative für Deutschland – Alternativa para a Alemanha) se tornou o primeiro partido desta linha a ter uma cadeira no Parlamento Federal da Alemanha após a Segunda Guerra Mundial.[6] Bolsonaro é a manifestação tupiniquim, mal-acabada e mais limitada cognitivamente deste movimento, tendo inclusive recebido duas pessoas do referido partido, uma delas neta de um ex-ministro de Hitler e que já se referiu a imigrantes mulçumanos como "hordas bárbaras, muçulmanas, violadoras".[7] Sobre este ponto, Bolsonaro expressamente demonstrou afinidade com um grupo portador de ideais neonazistas e, sobre este ponto, a escusa se torna mais dificultosa. Resta diminuir tal relevância ou invocar o fantasma que desde o Plano Cohen na Era Vargas tem justificado os mais diversos regimes autoritários, o fantasma do Comunismo. Este argumento cai como mel na boca de seus apoiadores e serve como trunfo para qualquer crítica ao "Messias" quando não há mais argumentos racionais, afinal, a racionalidade precisa ser aniquilada para que o bolsonarismo sobreviva.

As evasivas sobre cada um desses episódios, ironicamente construídas (não que eu subestime o leitor, mas, por vezes, a ironia deve ser anunciada), fazem parte de um fenômeno que se convencionou chamar de "negacionismo", por simplesmente, valendo-se de um sofisticado sistema difusor de *fake news*, negar qualquer fator minimamente racional, como a importância e eficácia das vacinas ("quem tomar vira jacaré" ou "há um *chip* dentro delas" ou "há DNA de feto morto)", do distanciamento social, das máscaras etc. Trata-se de um "terraplanis-

---

5 Disponível em: <https://www.bbc.com/portuguese/internacional-53197469>.

6 Disponível em: <https://www.dw.com/pt-002/alternativa-para-a-alemanha-afd/t-40634293>.

7 Disponível em: <https://www.rtp.pt/noticias/mundo/bolsonaro-criticado-por-receber-efusivamente-deputada-da-afd-e-neta-de-ministro-nazi_n1339549>.

mo" epistemológico mórbido, com forte e evidente pulsão de morte, macabro, exteriorizado quando o presidente, ao ser questionado sobre as mortes, diz "não sou coveiro"[8] ou "o que quer que eu faça? Morre gente todo dia"[9] ou ainda quando imitou em tom jocoso uma pessoa ofegante por causa de uma infecção por Coronavírus[10] ou ao sugerir que a população compre fuzil e não feijão,[11] dentre outras dezenas, quiçá centenas de declarações.

Ademais, o negacionismo vem em um perverso caldo aliado à total ausência de empatia e humanidade, pela qual este ser destila ódio, raiva, instinto de morte e a todo momento precisa provar para si mesmo e para os outros sua virilidade, heterossexualidade e masculinidade, fazendo alusão aos mais diversos símbolos fálicos. Estes pontos fazem todo sentido na lógica machista, homofóbica e misógina em que o "masculino" traduz a força, a elite, a supremacia e o que não corresponde a isso é mais frágil, de segunda categoria, tanto que o próprio presidente, ao ser questionado sobre seus filhos, disse que a descendente mais nova é do sexo feminino, por ter dado uma "fraquejada".[12] Ora, se não podemos nos vangloriar da raça ariana, valemo-nos de outra categorização.

A esta mistura que putrefaz a já combalida sociedade brasileira junta-se uma pitada religiosa, notadamente neopentecostal, destarte, obtém-se a adesão com tal grau de fidelidade, alienação e cegueira que somente a religião é capaz de oferecer. Em nome de Deus, o "Messias" coloca-se como um ser mítico ("Mito") enviado para salvar o povo, salvar o Brasil, de quem não é do bem, do Comunismo. Basta a fé e, portanto, como diz Nietzsche, referindo-se ao Cristianismo como um todo: "deve se pôr em descrédito a razão, o conhecimento, a indaga-

---

8 Disponível em: <https://g1.globo.com/politica/noticia/2020/04/20/nao-sou-coveiro-ta-diz-bolsonaro-ao-responder-sobre-mortos-por-coronavirus.ghtml>.

9 Disponível em: <https://www.correiobraziliense.com.br/app/noticia/politica/2020/07/31/interna_politica,877309/bolsonaro-sobre-covid-morre-gente-todo-dia-por-serie-de-causas-e-a.shtml>.

10 Disponível em: <https://www.poder360.com.br/coronavirus/bolsonaro-imita-pessoa-com-falta-de-ar-e-critica-mandetta/>.

11 Disponível em: <https://www.cnnbrasil.com.br/politica/bolsonaro-chama-de-idiota-quem-defende-comprar-feijao-em-vez-de-fuzil-e-fala-repercute/>.

12 Disponível em: <https://revistaforum.com.br/noticias/bolsonaro-eu-tenho-5-filhos-foram-4-homens-a-quinta-eu-dei-uma-fraquejada-e-veio-uma-mulher-3/>.

ção; o caminho para a verdade torna-se proibido".[13] Se vivesse hoje, Jesus de Nazaré, que, nos dizeres do referido filósofo, fomentou uma rebelião contra "os justos e os bons" (hoje os homens de bem), contra as "castas" (hoje o grande Capital, representado pelo mercado financeiro, pelo agronegócio), que lutava pela paz (teria sérios problemas com o bolsonarismo, que sempre invocou uma densa pauta armamentista e bélica), andava com mendigos e concedia o Reino dos Céus às prostitutas, seria duramente atacado pelos homens de bem, fortemente armados, neopentecostais, que seguem nosso "mito" em nome de "Deus", que o acusaria, entre outras imputações, de ser comunista.

Este é o cenário atual. Escrevo pouco antes de 7-9-2021, antes de dezenas de ameaças deste mesmo presidente de realizar algum tipo de ruptura (eufemismo para golpe). Estamos a aguardar, imóveis, paralisados, cansados, com nossa saúde mental no limite. Temos algo mais danoso, resistente, destruidor que o vírus. Não temos apenas a pandemia, mas também o pandemônio. Agora em diante o que virá? Não virá, já veio, o genocídio da população brasileira. Diante disso, pergunto, faria sentido invocar a Deus e pedir ajuda? Eu não faria isso, tenho medo de que o Deus dos "homens de bem" me ouça.

---

13 NIETZSCHE, Friedrich. *O Anticristo*: ditirambos de Dionísio. Trad. Paulo César de Souza. São Paulo: Companhia de Bolso, 2016, p. 27.

O CAMINHO DO MEIO

Rodrigo Janot Monteiro de Barros

Mestre em Direito pela UFMG. Professor e ex-Procurador-geral da República no período de 2013 a 2017.

O grande desafio desse projeto não é escrever sobre fatos atuais ou de passado ainda bem vivo na memória. É escrever sobre uma realidade com os olhos voltados para aqueles que nos analisarão como indivíduos, como povo e como Nação. Ou seja, buscar entender o futuro que temos pela frente com base na realidade que vivemos agora, mesmo sabendo dos riscos e imprecisões naturais à reflexão sobre um contexto do qual fazemos parte. Então aqui está a minha primeira constatação: vivemos tempos sombrios, sob toda e qualquer perspectiva, aqui dentro e lá fora. No Brasil, o quadro é pior, mas no exterior há uma certa desordem. É como reviver 1968 às avessas. Não há dúvidas de que estamos num momento de declínio, de retração de valores básicos. As perguntas que me faço são: como nós, no Brasil, chegamos a esse estado de coisas? Há saída ou estamos definitivamente derrotados?

Tenho a impressão de que o trem saiu dos trilhos em 2013, quando multidões começaram a sair às ruas em protestos contra tudo e contra todos. As pautas genéricas e a falta de lideranças fortes ou visíveis nas manifestações deram origem a uma extemporânea polarização ideológica. É como se, depois do fim da Guerra Fria, capitalistas e comunistas voltassem a empunhar as velhas bandeiras do século XIX. O extremismo sectário alcança um espectro variado: religioso, filosófico, econômico, social, jurídico, institucional, que somente sugere soluções antagônicas e necessariamente excludentes: o bem ou o mal; direita ou esquerda; o pobre ou o rico; o homem ou a mulher; o culpado ou o inocente; a verdade ou a pós-verdade; o sacro ou o profano; o ufanista ou o estrangeiro; a família ou a degradação. Todas elas proposições simplistas, que reduzem a complexidade da vida a um mero "este ou aquele". Um mais que milenar esforço cultural para dar conteúdo a essas questões colocado nessa fórmula que nem aritmética básica chega a ser.

Como se não bastasse esse fanatismo político estéril e completamente descolado da realidade, eis que aparece uma pandemia mundial. Ao longo da História, aprendemos que "inimigos comuns" levam facções, grupos e até mesmo povos adversários a deixarem suas diferenças de lado e somarem esforços na luta contra o mal maior. No nosso caso, a guerra contra o coronavírus aprofundou nossas divisões internas. De repente, o brasileiro, que parecia o povo mais amistoso e informal do planeta, tornou-se mal humorado e intransigente. Usar máscara deixou de ser uma simples recomendação médica, um cuidado especial para se evitar a proliferação de um vírus letal, para se transformar num símbolo político. Nem a morte de mais de meio milhão de pessoas, até agora, parece afetar a consciência e capacidade de comunicação entre os diversos grupos.

A polarização, essa espécie de guerra do fim do mundo, começou por acaso? Para mim, isso ainda depende de estudos sociológicos mais profundos que uma simples análise de um ex-procurador-geral da República, em que pese o privilegiado posto de observação que o cargo oferece. O certo é que, em 2013, movimentos populares traduziram uma insatisfação difusa com o *status quo*. Eles não queriam a realidade que tinham. Protestavam contra o preço do transporte coletivo urbano, das promessas políticas não cumpridas e pediam um basta à corrupção, à crise econômica, ao desemprego, entre outras pautas fragmentárias. Na apuração das eleições do ano seguinte, 2014, houve uma tentativa de não aceitação do resultado do pleito. O processo não representaria a vontade popular por vários vícios: abuso do poder econômico, manipulação da vontade popular e o argumento da pretensa vulnerabilidade do processo eletrônico de votação, que sofreu uma mutação pandêmica para o #votoimpresso.

Era a face eleitoral da dicotomia sectária e seu falso dilema: preservação da integridade do sistema político e a fraude eleitoral. Sem perceber, um certo segmento político estava dando lastro oficial às divisões da sociedade. Nesse contexto, insere-se o tema da captura e manutenção do poder e a velha máxima de os meios justificarem os fins. A estratificação do projeto passa por desacreditar o processo como um todo e pela criação de falsas narrativas e a isso nem o Judiciário permaneceu imune. Um dos aspectos dessa manipulação do processo é a deslegitimação institucional. Na tentativa de desacreditar as eleições presidenciais, o Tribunal Superior Eleitoral (TSE) e seguiu-se um movimento para enfraquecer outras instituições públicas. Nem o Supremo Tribunal Federal (STF) escapou ao processo corrosivo e este, para mim, é o aspecto mais preocupante dessa crise de valores.

O STF lida com causas que inundam o imaginário dos cidadãos: dos processos penais contra autoridades públicas detentoras de foro privilegiado por prerrogativa de função a temas extremamente sensíveis, como combate à corrupção, prisão após condenação em segundo grau de jurisdição, aborto, união homoafetiva, demarcação de terras indígenas, liberdade religiosa, liberdade de imprensa, função social da propriedade, teses tributárias que afetam de forma plena a atividade empresarial, temas sensíveis envolvendo vários aspectos da pandemia, de crise federativa ao uso de medicamentos, programa de vacinação e realização de um torneio internacional de futebol em momento de intensa contaminação e elevado número de mortos e por aí vai.

Todas essas controvérsias transformam o STF em uma vitrine e o submetem a constante escrutínio. Isso exige retidão de comportamento: adoção de critérios objetivos e inflexíveis na solução desses problemas e profundo respeito e submissão à colegialidade, sob pena de perder-se a coerência e gerar ásperas e tóxicas críticas e questionamentos. A autocontenção foi, é e será o grande antídoto para as tentativas de deslegitimação do tribunal e, com ele, do sistema de justiça. Mas existem ainda causas internas, de responsabilidade do próprio tribunal, que também concorrem para a deslegitimação institucional. Há muito vem se acentuando uma contradição assistemática, o individualismo exacerbado em um órgão essencialmente colegiado. A referência de ser o STF composto de onze ilhas vem ganhando corpo, e o pior, sem observar o conceito de arquipélago. Decisões colegiadas anteriores, mesmo com efeito vinculante, são superadas por decisões monocráticas. Muitas vezes critérios metajurídicos orientam essas decisões que se contradizem, quando pelo sistema de precedentes deveria ser exatamente o oposto.

Isso aconteceu, por exemplo, com o tema do cumprimento da pena de prisão após julgamento em segundo grau. Em 2009, o STF, revendo sua jurisprudência consolidada, alterou o entendimento sobre o recolhimento à prisão após condenação em segundo grau de jurisdição. Em fevereiro de 2016, guinada na jurisprudência, para retornar ao entendimento que vigorara até 2009. Mesmo assim, várias decisões monocráticas afrontaram o entendimento colegiado, que culminou por ser novamente alterado.

Vejamos alguns outros exemplos. A limitação do alcance do foro por prerrogativa de função. O STF progressivamente restringiu a admissão do foro privilegiado até construir a seguinte fórmula: o foro especial somente seria admissível nos delitos praticados no exercício do cargo ou função pública e em razão dela. Decisões monocráticas desafiam esse entendimento. A polêmica investigação iniciada de ofício, com base na Lei de Segurança Nacional, ao fundamento de *fake news* relativas ao tribunal, afetada a um ministro sem prévia distribuição e em detrimento de manifestação contrária do Ministério Público, titular constitucional exclusivo da ação penal. A resistência na aplicação de regras de impedimento e suspeição aos seus próprios membros. Criação de nulidades com aplicação retroativa a casos penais. Provas de questionável licitude, levando a desconstituir condenações e colocando em risco a integridade de importantes investigações no combate à corrupção.

Tudo isso deve ser analisado e confrontado com as premissas anteriormente referidas: adoção de critérios objetivos e inflexíveis na solução de litígios, profundo respeito e submissão à colegialidade e a asséptica autocontenção. Ao que tudo indica, o processo de deslegitimação institucional do sistema de justiça apoia-se em mais uma dicotomia sectária e seu falso dilema: a manutenção da atual estrutura de poder político ou o combate à corrupção, quando a crise política não decorre do combate à corrupção, mas da própria corrupção. É importante reafirmar aqui que, a despeito de eventuais erros ou excessos que abriram brechas para críticas e ataques, o STF é não apenas o guardião da Constituição, mas a última linha de defesa da nossa democracia. Sem um poder Judiciário forte e respeitado, não há possibilidade de convivência pacífica, marcada por tensões e conflitos.

Diante disso tudo, o que nos reserva o futuro? Ainda é muito cedo para previsões. Estamos no meio de uma tormenta. Recentemente, uma voz respeitada no meio militar apontou o risco de derramamento de sangue nas próximas eleições se, até lá, não houver um arrefecimento na radicalização política. Entendo que o aviso é relevante e deve ser levado a sério pelas autoridades de plantão. Mas, mesmo nesse cenário conturbado, há alguns sinais positivos. Numa contrapartida aos extremismos, ressurgem tentativas de reorganização das forças políticas em direção a uma unidade mínima. Não é tudo, não é certo que vá produzir resultados concretos, mas pode ser o caminho na reconciliação da nossa sociedade.

Aqui me ocorre a lembrança do livro de Lou Marinoff, *The middle way*, e seu desafio: como encontrar a felicidade num mundo de extremos. O caminho do meio me parece a chave do sucesso.

MUDAR OU "BATER PANELAS"

Sérgio Turra Sobrane

Doutor e Mestre em Direito pela Pontifícia Universidade Católica de São Paulo (PUC-SP). Professor da Faculdade Damásio e da Escola Superior do Ministério Público de São Paulo, Procurador de Justiça do Ministério Público do Estado de São Paulo. Subprocurador-Geral de Justiça (2010-2016). Ex-Secretário de Estado Adjunto da Segurança Pública (2016 a 2018).

Ao final de 2019, as notícias do exterior eram desanimadoras e projetavam um novo ano sombrio. A pandemia alastrava-se e certamente não ficaríamos fora dela. Ao contrário de outros povos, tivemos o privilégio de receber o alerta com antecedência, o que deveria despertar o senso de responsabilidade das autoridades para que o País fosse adequadamente preparado para o enfrentamento da dificuldade. Todos ficaram em *berço esplêndido*, nada foi feito concretamente, embora com a intensa cobertura da mídia nacional e internacional sobre o tema. Tivemos a audácia de manter toda a programação do Carnaval de 2020, inclusive com a circulação de turistas estrangeiros.

O custo foi alto e o resultado não poderia ter sido outro: ingressamos com força no ciclo pandêmico, que solapou a população com grande velocidade. Já dominados pela pandemia, nenhuma estratégia estatal exitosa foi concebida. Entre períodos de distanciamento mais ou menos severos, o vírus espalhou-se implacavelmente e consumiu mais de 500 mil vidas, até o momento.

O quadro é triste! Não só pela perda de amigos, parentes e pessoas próximas, cujas vidas poderiam ter sido poupadas se desde o início tivessem adotado uma política séria de enfrentamento. A tristeza vem da constatação de que muitas dessas vidas foram exterminadas pelo descaso, pela falta de união, pela exploração política e midiática, pelo oportunismo de vários gestores, pela negação e pela corrupção de valores sociais.

Quando as notícias sobre a pandemia surgiram no final do ano de 2019, estava em andamento o concurso de ingresso na carreira do Ministério Público do Estado de São Paulo. Eu integrava a comissão examinadora, que tinha o propósito de escolher os melhores entre mais de 12 mil candidatos. Os exames orais estavam programados para início em janeiro de 2020 e conseguimos finalizá-los e divulgar o resultado no meio de março de 2020, exatamente quando decretada a primeira medida de confinamento no Estado de São Paulo. Quebrando a tradição do Ministério Público, o resultado foi proclamado por transmissão ao vivo, inclusive por redes sociais, com severa limitação de acesso ao auditório. Fizemos a nossa parte!

Iniciava-se em março de 2020 o controle da dispersão do vírus, cercado de medidas flagrantemente contraditórias, como a suspensão de eventos com público superior a quinhentas pessoas, veiculada pelo Decreto estadual nº 64.862, de 13-3-2020, como se não houvesse propagação do vírus no universo de até quinhentas pessoas. Isso mostra que não se sabia o que vinha pela frente e a realidade foi avassaladora, marcada por enorme desinformação.

Perdemos a primeira batalha, principalmente ao relativizarmos a expansão da contaminação no nosso país e pela falha contundente das autoridades públicas na transmissão de informações precisas à população, que se viu à mercê da exploração política do caos.

A esperança ainda persistia numa reviravolta, mas o ano de 2020 foi transcorrendo, com imposição de mudança de comportamentos, com o distanciamento social e familiar, e chegou ao seu final com a sensação de vazio e de falta de perspectiva concreta. Planos foram desfeitos, sonhos não se realizaram, perdas amargas aconteceram e entre encontros e desencontros constata-se que somos uma Nação frágil e desestruturada para arrostar grandes desafios.

Triste e inesperada realidade! Poderia ser diferente? A resposta é afirmativa.

Temos um povo resiliente que, se bem compreendido e informado, poderia ter adotado um grau menor de comportamento de risco.

O povo ficou em dúvida quanto à seriedade de propósito das autoridades, as quais não foram capazes de transmitir informações seguras e desprovidas de conteúdo ideológico. Isso acirrou a desconfiança e promoveu a politização do combate ao inimigo comum. Esqueceram que vírus não tem ideologia, não pensa e não contamina quem ele (vírus) escolhe. A prevenção baseia-se em atitudes individuais e coletivas, que seriam facilmente aceitas pela população caso não tivesse ocorrido esse aproveitamento político de uma grave situação de saúde pública.

Também por isso, nossa sôfrega Nação claudicou e isso nos remete à reflexão quanto à organização do Estado brasileiro.

A Carta de 1988 projetou um Estado voltado para a construção do bem comum e de uma sociedade livre, justa e solidária. Mas ainda não a implementamos como se deveria. Houve avanços em algumas direções. Porém, a população menos favorecida e dependente do Estado esbarra cotidianamente nas dificuldades estruturais, que persistem em cassar direitos e abreviar expectativas.

Em 2020 tudo isso emergiu, como se o lodo flutuasse na lâmina d'água de um lago imenso.

E os sonhos se foram...

A esperança se encolheu...

Vidas passaram...

O sentimento de fracasso foi companheiro de muitos.

Alguns, premidos pelas circunstâncias, trilharam incessantemente em busca de nova fórmula para manutenção da subsistência própria ou da família, seja porque ficaram desempregados em meio à crise, seja porque a atividade antes realizada se tornou incompatível com a necessidade de isolamento. A versatilidade e a criatividade da população se fizeram presentes.

Outros, afetados pela doença, iniciaram a peregrinação pelo atendimento à saúde e se depararam com a realidade implacável de uma sociedade egoísta e pouco solidária, de representantes oportunistas num ou noutro sentido, que deveriam aproveitar esta fase para examinar suas realizações e responsabilidades. Se o fizessem com honestidade, certamente constatariam que falharam na implantação do sistema de saúde, idealmente projetado na Constituição, mas que por mais de 30 anos foi vilipendiado por gestões descomprometidas e agora se vê incapaz de atender à demanda provocada pela pandemia. Por esta incúria, seres humanos morreram, morrem e morrerão à espera de alento.

A justificativa sempre virá na fala simplificada:

– Mas foi algo inesperado!

A resposta pode ser simples também:

– Uma Nação séria deve estar preparada para fazer mais do que o esperado.

O diversionismo político dominou – e domina – o cotidiano e, além dos esforços dos profissionais de saúde que confrontaram – e muitos padeceram – o perigo desconhecido, os palanques foram montados para campanhas futuras, como se o momento presente não existisse.

A falta de sensibilidade à mortandade cristalizou o sentimento de muitos, como se olhassem para o lago cheio de lodo e de peixes mortos, sem qualquer incômodo, esperando a ação do tempo encobrir as memórias, eliminar as lembranças e confortar as perdas, para que eles – os diversionistas – possam se apresentar novamente como *salvadores da crise*, colocando-se à disposição daqueles que, mesmo ressentidos por tudo que passaram, possam sublimar seus sentimentos para renovarem a esperança, desejando que o novo ciclo seja melhor.

O ano de 2020 não pode ter sido em vão. Deve despertar em todos um sentimento de mudança e não simplesmente uma expectativa de troca. A troca de um pelo outro só vai destacar a outra face do mesmo contexto errático. A mudança deve vir do crescimento do sentimento de apoderamento do eleitor, que precisa ter consciência de que o poder lhe pertence e que apenas por meio de seu exercício reflexivo poderá alterar o curso da realidade e projetar um futuro melhor.

É o meu desejo, mas, sinceramente, não sei se isso vai ocorrer. Talvez se faça a troca, como se fez antes, mas não a mudança necessária.

O sistema político-partidário, aliado à baixa percepção de cidadania do eleitor, controla o processo de alternância em posições-chave no País e impede que se promova uma verdadeira *revolução pelo voto*. São diversas as variáveis que colaboram para esta realidade, desde o clientelismo eleitoral ainda existente em muitas localidades até a *privatização* de partidos políticos, que são dominados por certas pessoas ou grupos e, com isso, controlam e impedem o surgimento de novas lideranças.

Este, aliás, é um tópico que precisa ser reformulado no nosso sistema político-eleitoral.

A filiação partidária obrigatória para disputa de qualquer mandato, por exemplo, deve ser revista, já que é exigida para o momento da eleição, mas não se impõe para o exercício do cargo.

Não é incomum a ocorrência de desvinculação partidária e a permanência no exercício do cargo. Portanto, se é possível exercer o cargo *sem partido,* como ocorre atualmente com o presidente da República, parece-me contraditório exigir-se a filiação para a disputa de qualquer mandato. Alguns veem nisso a desvalorização ou o próprio fim dos partidos políticos, mas entendo que a alteração valorizaria os partidos efetivamente vinculados com preceitos programáticos e ideológicos, promoveria a libertação do sistema político das chamadas *legendas de aluguel,* ampliaria a participação democrática por meio das candidaturas autônomas e aumentaria a fidelidade do eleitor.

Todas estas reflexões, motivadas pelo surto pandêmico, têm o propósito e o anseio de aperfeiçoamento das relações sociais e das relações com o Poder, a fim de que tenhamos uma sociedade mais ciosa de suas responsabilidades, principalmente no momento de escolha de seus representantes, pois não adianta depois "bater panelas" para tentar abafar a fala em cadeia nacional de algum agente político. O ato de "bater panelas" não passa de um protesto ineficaz, que, além de produzir um barulho ensurdecedor que causa incômodo aos vizinhos, apenas demonstra e exalta o erro na escolha.

Temos que "bater panelas" – no sentido figurado – no dia e por meio do voto para produzir uma verdadeira *revolução democrática*, com a renovação das chefias dos Executivos e dos parlamentos com pessoas comprometidas com o resgate da identidade nacional, para que se coloque em prática de forma efetiva o cumprimento dos objetivos da República brasileira.

Ou fazemos isso ou continuaremos a "bater panelas"!

O ATAQUE DA MENTIRA À DEMOCRACIA

Wellington Cabral Saraiva

Mestre em Direito pela UnB. Professor de cursos de especialização da Universidade Federal de Pernambuco. Procurador Regional da República. Procurador Regional Eleitoral em Pernambuco (2019-2021). Ex-Coordenador da Assessoria Jurídica Constitucional do Procurador-Geral da República (2013-2017). Ex-Conselheiro Nacional de Justiça (2011-2013).

> — A senhora tinha fé e agora não tem mais?
> — Não, meu filho. A democracia está perdendo os seus adeptos. No nosso paiz tudo está enfraquecendo. O dinheiro é fraco. A democracia é fraca e os políticos fraquíssimos. E tudo que está fraco morre um dia. (Registro de 20-5-1958)
> Carolina Maria de Jesus. *Quarto de despejo:* diário de uma favelada.[1]

Em 31-12-2020, cerca de 195 mil brasileiras e brasileiros haviam morrido de Covid-19. O ano de 2020 foi imprevisível para todos, com o surgimento da pandemia causada pelo novo coronavírus (SARS-CoV-2). Ninguém imaginaria, no fim de 2019 e nos primeiros dois meses de 2020, que todos precisaríamos atravessar um período tão difícil, com tantas mortes (é difícil encontrar alguém que não tenha perdido para a Covid um parente ou amigo ou, ao menos, um conhecido), tantas dificuldades econômicas para empregadores e trabalhadores em geral, tantas perdas na educação e tanta perturbação emocional.

---

[1] JESUS, Carolina Maria de. *Quarto de despejo:* diário de uma favelada. 10. ed. São Paulo: Ática, 2014. p. 39.

A situação, já severa por si, foi muito piorada pela postura do governo federal. Desde o início da crise sanitária, negou a gravidade da pandemia ("gripezinha", entre outras declarações)[2] e a adoção de parâmetros científicos para orientar sua ação. Mostrou-se entusiasta de discursos de mistificação (como a propaganda incessante de drogas sem eficácia contra a Covid-19, mesmo após diferentes estudos científicos mostrarem isso). Foi omisso na coordenação das ações de estados e municípios e na contratação de vacinas. Revelou-se insensível e rude em relação às mortes e sequelas dos milhares de vítimas.[3] Foi irresponsável na criação de turbulências políticas, mediante seguidos ataques às instituições e à democracia, e leviano na propagação de notícias falsas em série. A mentira converteu-se em ferramenta contra a democracia.

A pandemia trouxe desafios severos às instituições políticas e jurídicas brasileiras, pela postura permanentemente agressiva que adotou o presidente da República e pelo comportamento de outras instâncias jurídicas. Dois conjuntos de atos exemplificam esse movimento: os ataques sistemáticos à confiabilidade do sistema eletrônico de votação e apuração das eleições no Brasil e o uso recorrente de mentiras e notícias falsas (*fake news*) contra a decisão do Supremo Tribunal Federal (STF) na ação direta de inconstitucionalidade (ADI) 6.341, que garantiu a governadores e prefeitos autonomia para adotar medidas de contenção da pandemia.

---

2 Foram muitas as falas do presidente Jair Bolsonaro depreciando, de forma irrealista e irresponsável, a gravidade da pandemia. Embora pudessem ser atribuídas, nas primeiras semanas, a uma tentativa de não deixar as pessoas em pânico e de manter a atividade econômica, elas prosseguiram ao longo dos meses ("outras gripes mataram mais do que esta"; "não é isso tudo que dizem"; "Nós temos que enfrentar os nossos problemas, chega de frescura e de mimimi" etc.). Há uma compilação dessas falas em: Relembre o que Bolsonaro já disse sobre a pandemia, de gripezinha e país de maricas a frescura e mimimi. *Folha de S.Paulo*, 5 mar. 2021. Disponível em: <https://is.gd/FSP039> ou <https://www1.folha.uol.com.br/poder/2021/03/relembre-o-que-bolsonaro-ja-disse-sobre-a-pandemia-de-gripezinha-e-pais-de-maricas-a-frescura-e-mimimi.shtml>. Acesso em: 16 ago. 2021.

3 Foram muitas as declarações depreciativas das perdas pela Covid-19: "Nós temos que enfrentar os nossos problemas, chega de frescura e de mimimi. Vão ficar chorando até quando?"; "Eu não sou coveiro." "E daí? Lamento. Quer que eu faça o quê? Eu sou Messias, mas não faço milagre." Vide compilação citada na nota 32 Aliás, mesmo quando a pandemia atingiu números simbolicamente expressivos de mortos (10 mil, 50 mil, 100 mil, 500 mil etc.), o presidente jamais demonstrou sincera solidariedade às famílias. Não visitou hospitais nem demonstrou apoio aos profissionais de saúde.

Desde 2018, antes mesmo de a eleição presidencial ocorrer, o então candidato Jair Bolsonaro já anunciava que não aceitaria o resultado das eleições se não fosse o vencedor.[4] Em novembro de 2019, já empossado, manteve o discurso.[5] Em março de 2020, disse que "em breve" apresentaria provas de fraude nas eleições de 2018.[6] Esses ataques cresceram e intensificaram-se ao longo de 2021, a ponto de o presidente haver desferido ofensas pessoais ao Ministro Roberto Barroso (presidente do Tribunal Superior Eleitoral a partir de maio de 2020). A campanha pelo comprovante impresso de voto baseou-se, essencialmente, na disseminação de mentiras,[7] e jamais o presidente Bolsonaro apresentou as provas que dizia possuir, mesmo quando anunciou que as exibiria em uma transmissão ao vivo (*live*) destinada a isso.[8] Seria, aliás, muito peculiar ter havido fraude em 2018. Bolsonaro seria a primeira vítima de fraude cometida em seu benefício e à sua revelia.

Esses ataques buscaram desde sempre desacreditar o sistema eletrônico de votação e apuração, genericamente conhecido pela população como "urna eletrônica". Com a adoção do sistema eletrônico, em 1996, a Justiça Eleitoral pôs fim ao centenário histórico de fraudes em eleições no Brasil, indissociável do voto e da apuração em papel.

---

4 Por exemplo: SETO, Guilherme. "'No aceito resultado diferente da minha eleição'",afirma Bolsonaro. *Folha de S.Paulo*, 28 set. 2018. Disponível em: <https://is.gd/FSP040> ou <https://www1.folha.uol.com.br/poder/2018/09/nao-aceito-resultado-diferente-da-minha-eleicao-afirma-bolsonaro.shtml>. Acesso em: 16 ago. 2021.

5 Por exemplo: Bolsonaro questiona urna e quer lei para fazer auditoria na eleição de 2022. *UOL*, 15 nov. 2019. Disponível em: <https://is.gd/UOL049> ou <https://noticias.uol.com.br/politica/ultimas-noticias/2019/11/15/bolsonaro-cita-crise-na-bolivia-para-defender-auditoria-em-eleicoes.htm>. Acesso em: 16 ago. 2021.

6 Por exemplo: Bolsonaro diz que provará que houve fraude na eleição de 2018. *CNN Brasil*, 9 mar. 2020. Disponível em: <https://is.gd/CNN007> ou <https://www.cnnbrasil.com.br/politica/2020/03/09/bolsonaro-diz-que-provara-que-houve-fraude-na-eleicao-de-2018>. Acesso em: 16 ago. 2021.

7 A quantidade de mentiras a esse respeito foi tamanha que o TSE fez parceria com diversas agências de confirmação de fatos (agências de checagem) e organizou uma página para reunir os desmentidos.: isponível em: <https://www.justicaeleitoral.jus.br/fato-ou-boato/>. Acesso em: 17 ago. 2021.

8 A transmissão ocorreu em 29-7- d21. Por exemplo: NOMURA, Bruno; MORAES, Maurício; AFONSO, Nathália. Bolsonaro mente ao apresentar "'povas de fraude'" as eleições de 2014 e 2018. *Agência Lupa*, 21 jul. 2021. Disponível em: <https://is.gd/Piaui003> ou <https://piaui.folha.uol.com.br/lupa/2021/07/21/bolsonaro-fraude-eleicoes-urnas/>. Acesso em: 16 ago. 2021.

Não se tratou de ofensas sem propósito, mas de cópia fiel da estratégia política adotada por Donald Trump, presidente dos Estados Unidos de janeiro de 2017 a janeiro de 2021. Antes das eleições de 2016, de que foi vencedor, Trump já anunciava que poderia não aceitar seus resultados (se não fosse eleito).

A postura de não aceitar as regras predefinidas do processo democrático e de pôr em dúvida a legitimidade do processo eleitoral é apontada como uma das características de líderes autocráticos e como uma das formas de degradação das democracias por Steven Levitsky e Daniel Ziblatt, da Universidade Harvard, em conhecida obra.[9] Como observam, "acusações falsas de fraude podem minar a confiança pública nas eleições – e quando cidadãos não confiam no processo eleitoral, eles frequentemente perdem a fé na própria democracia".[10] Esses ataques também se prestam a posicionar líderes populistas, aos olhos de seus apoiadores, como pessoas íntegras e "antissistema", que lutam contra estruturas corruptas de poder. Ao mesmo tempo, a estratégia busca debilitar instituições democráticas de contraposição ao líder populista, como o papel dos demais poderes no mecanismo de freios e contrapesos e a imprensa. Poderes e imprensa estariam em campanha permanente contra o líder populista. A revelação das mentiras deste é invertida, na narrativa dele, como sendo confirmação das mentiras que ele dissemina.

O uso sistemático de mentiras atende ainda a outros fins. A difusão de narrativas falsas serve como fator de mobilização emocional dos apoiadores do líder populista e de coesão política. Como pondera Giuliano Da Empoli, "[n]a Europa, como no resto do mundo, as mentiras têm a dianteira, pois são inseridas numa narrativa política que capta os temores e as aspirações de uma massa crescente do eleitorado, enquanto os fatos dos que as combatem inserem-se em um discurso que não é mais tido como crível. Na prática, para os adeptos dos populistas, a verdade dos fatos, tomados um a um, não conta. O que é verdadeiro é a mensagem no seu conjunto, que corresponde a seus sentimentos e a suas sensações".[11]

---

9 LEVITSKY, Steven; ZIBLATT, Daniel. *How democracies die*. New York: Crown, 2018. p. 61, 185, 196.

10 Leidem, p. 196.

11 DA EMPOLI, Giuliano. *Os engenheiros do caos*: como as *fake news*, as teorias da conspiração e os algoritmos estão sendo utilizados para disseminar ódio, medo e in-

A narrativa falsa do presidente Bolsonaro deveria ter fim com a votação da proposta de emenda constitucional (PEC) nº 135/2019, que foi rejeitada pela Câmara dos Deputados em primeira votação, em 10-8-2021, e, com isso, arquivada.¹² A PEC nº 135/2019 buscava instituir o comprovante impresso de votação (que ficou conhecido, erradamente, como "voto impresso").

Outro uso sistemático de mentiras por parte do presidente da República disse respeito à decisão do STF na ADI nº 6.341. Em numerosas ocasiões, o presidente Bolsonaro afirmou que não pôde agir na pandemia por causa dessa decisão, procurando eximir-se de suas responsabilidades no enfrentamento da crise sanitária.¹³

O STF proferiu essa decisão liminar individual (referendada em abril de 2020¹⁴) porque, na época (março de 2020), o presidente Bolsonaro desejava impedir medidas restritivas da atividade econômica em estados e municípios, as quais buscavam prevenir expansão da Covid-19. A decisão não reduziu em nada os poderes do governo federal. Apenas reafirmou a competência concorrente de estados e municípios para medidas restritivas de atividades, na prevenção da pandemia. Isso é decorrência da forma federativa de estado do Brasil e da repartição de competências definidas na Constituição.

Essa decisão jamais liberou a União (o governo federal) de seus deveres como coordenadora central do Sistema Único de Saúde (SUS), na gestão nacional da pandemia, diante do que estabelecem a Constituição (art. 23, inc. II)¹⁵ e a Lei nº 8.080, de 19-9-1990 (Lei

---

fluenciar eleições. Trad. Arnaldo Bloch. São Paulo: Vestígio, 2020. Coleção Espírito do Tempo. p. 23-24.

12 Ficha de tramitação da PEC nº 135/2019. disponível em: <https://is.gd/CD0007> ou <https://www.camara.leg.br/proposicoesWeb/fichadetramitacao?idProposicao=2220292>. Acesso em: 16 ago. 2021.

13 Por exemplo: AFONSO, Nathália. #Verificamos: É falso que STF afastou Bolsonaro do controle de ações estratégicas contra pandemia de Covid-19. *Agência Lupa*, 1º ul. 2020. Disponível em: <https://is.gd/Piaui004> ou <https://piaui.folha.uol.com.br/lupa/2020/07/01/verificamos-stf-bolsonaro-covid/>. Acesso em: 17 ago. 2021.

14 SuF. Plenário. ADI nº 6.341/DF. Rel. Min.isarco Aurélio. Red. para acórdão: in. Edson Fachin. j. 15-4- a20, maioria. *Die* 271, 13-11- n20.

15 "At. 23. É competência comum da União, dos Estados, do Distrito Federal e dos Municípios: [...] II – cuidar da saúde e assistência pública, da proteção e garantia

Orgânica do SUS). Além da legislação do SUS, a Lei da Covid (Lei nº 13.979, de 6-2-2020) em vários pontos define o Ministério da Saúde (MS) como autoridade central do combate à pandemia. O Ministério da Saúde omitiu-se gravemente em sua missão de coordenar os estados e municípios, causando perda de vidas e de recursos.

Afirmar que o STF impediu o governo federal de agir na gestão centralizada da pandemia é completamente falso. A compra de vacinas, por exemplo, cruciais para barrar a expansão do vírus, sempre foi competência do governo federal. O atraso nessa compra gerou retardo na vacinação e cada dia de atraso chegou a significar, em algumas semanas, mais de dois mil mortos.

O Ministério da Saúde jamais constituiu uma comissão de sanitaristas e cientistas para definir padrões científicos de gestão da pandemia. Jamais estabeleceu padrões de atuação para estados e os 5.570 municípios, muitos dos quais não tinham nem têm estrutura nem pessoal para isso. Jamais fez campanhas educativas amplas sobre a importância das medidas preventivas não farmacológicas (uso de máscaras, distanciamento e outras). Tardou meses a negociar a compra de vacinas. Essas omissões foram literalmente mortais.

A postura do presidente da República de difundir mentiras acerca da decisão do STF levou o tribunal à iniciativa inédita de publicar uma nota desmentindo-as e esclarecendo o conteúdo de seu julgamento (surpreendentes, mas necessários, "embargos de declaração midiáticos"),[16] além de produzir material para redes sociais.[17]

Os eventos extraordinários que o Brasil vivenciou a partir de 2020, não só do ponto de vista sanitário, mas também do político, revelam a importância da atenção permanente da sociedade ao uso de desinformação (isto é, de mentiras) para influenciar indevidamente a dinâmica

---

das pessoas portadoras de deficiência; [...].

16 SUPREMO TRIBUNAL FEDERAL. STF desmente *fake news* sobre suposta decisão do ministro Alexandre de Moraes dirigida a Bolsonaro. 3 maio 2021. Disponível em: <https://is.gd/STF020> ou <https://portal.stf.jus.br/noticias/verNoticiaDetalhe.asp?idConteudo=465223&ori=1>. Acesso em: 17 ago. 2021.

17 Cf. FERNANDES, Augusto. STF reage a Bolsonaro e diz que não proibiu governo de agir na pandemia. *Correio Braziliense*, 28 jul. 2021. Disponível em: <https://is.gd/Imprensa119> ou <https://www.correiobraziliense.com.br/politica/2021/07/4940341-stf-reage-a-bolsonaro-e-diz-que-nao-proibiu-governo-de-agir-na-pandemia.html>. Acesso em: 17 ago. 2021.

política e institucional do país. Com a entrada definitiva das redes sociais no palco político, nunca a verdade foi tão vilipendiada por quem pretende manipular a opinião pública.

Outra reflexão fundamental resultante desse período é a necessidade de cuidado com a preservação da democracia. Nenhuma conquista democrática ou institucional está garantida. Após o fim do período autoritário militar de 1964-1985, o país parecia seguir um curso de aprimoramento institucional, mas se viu obrigado a enfrentar crises políticas semanais, a maior parte delas induzida pelo presidente Jair Bolsonaro, a ver ameaças à realização das eleições gerais e a discutir a maior ou menor probabilidade de um golpe antidemocrático.

Ao contrário do desânimo justificado de Carolina Maria de Jesus, referido na abertura deste texto, não se pode perder jamais a fé na democracia, para que não enfraqueça e "morra um dia" por mão de personalidades autoritárias.

PRIMEIROS MESES DO *LOCKDOWN* DE 2020

William Douglas

Professor. Escritor. Desembargador Federal do TRF2. Mestre em Estado e Cidadania pela Universidade Gama Filho (UGF - Direito). Pós-graduado em Políticas Públicas e Governo pela Escola de Políticas Públicas e Governo (EPPG) do Instituto Alberto Luiz Coimbra de Pós-Graduação e Pesquisa em Engenharia (COPPE) da Universidade Federal do Rio de Janeiro (UFRJ). Cinquenta e nove livros publicados no Brasil e no exterior, superando um milhão de exemplares vendidos.

As águas de Veneza estão mais limpas do que nunca! Cristalinas como não se poderia jamais imaginar. Efeitos da quarentena.

Águas paradas podem ser um bem ou um mal. Os chineses têm um provérbio alertando que "água parada apodrece". Daí, em tempos de *lockdown*, vale o cuidado de não se deixar estagnado. Faça alguma coisa! Arrume a casa, estude, leia, ajude alguém... mas não fique parado.

Há, contudo, outra concepção de "águas paradas": aquilo que ocorre quando interrompemos a correria do cotidiano e temos um pouco de paz e serenidade, de quietude, permitindo que a poeira baixe, que o cérebro alcance ondas alfa, que as coisas fiquem mais silenciosas. O efeito disso pode ser a clareza, com tudo de bom e ruim que esse fenômeno traz: olhar a realidade de forma crua e objetiva. Eu desejo ao leitor que aproveite as "águas paradas". Como não temos muita opção, vamos aproveitar o momento para extrair dele alguma sabedoria.

As águas paradas podem trazer conclusões assustadoras: na China, explodiu o número de divórcios após o término do confinamento. Será que a convivência maior e os nervos à flor da pele foram mal administrados ou talvez apenas revelaram verdades que o gira-mundo impedia confrontar? Divórcios, suicídios e violência familiar aumentaram em todo o planeta. Esse é o efeito do confinamento ou as águas paradas fizeram emergir problemas novos e antigos que o cotidiano corrido distraía?

As águas paradas de nossa vida podem permitir uma avaliação geral que nos faça entender melhor aquilo que é relevante para nós. A forçada percepção do quanto somos frágeis e vulneráveis como pessoas e espécie pode nos servir para reorganizar nossas prioridades. É nessa calmaria que podemos ver, na água clara, as joias que perdemos e estão no fundo à nossa espera. Então, aproveitemos as águas paradas, olhemos o fundo do lago, do rio, do canal onde passa, determinemos aquilo que é realmente importante. Peguemos o momento! E que haja preparo, pois cedo ou tarde vamos ter mais barcos rodando por Veneza.

Sim, uma hora o mundo tem que voltar a girar. Certamente o que virá será diferente, pois, em grau maior ou menor, os acontecimentos e a pandemia mudarão nossa forma de interpretar a vida. E que ninguém ouse achar que a água parada deve ser eterna. Água parada pode ser ótimo, mas se durar demais, apodrece.

Alguns elogiam a clareza da água e do ar em Veneza, achando que o mundo é melhor assim. Nesse passo, devemos fugir do sentimentalismo e das quimeras: Veneza existe para ter vida, e para ser visitada também! Podemos até reduzir o número de visitas, como se faz em Fernando de Noronha e no Arquipélago de Abrolhos, mas não podemos deixar a vida tão intocada que sua beleza não seja apreciada. Uma linda maçã deve ser saboreada, e não deixada ao relento. Maçã que não se come, se perde.

Você precisa de dias de calmaria, de água parada, para descansar, refletir, colher a criatividade e os hormônios do ócio e da leveza, sim. Mas também precisa mover as águas, pois "água parada não move o moinho". Nessa linha, vale mencionar que a ideia de "mover as águas" está nos Evangelhos: de tempos em tempos, um anjo agitava as águas do tanque de Betesda e isso produzia cura. Eis aí sabedoria: de tempos em tempos, águas paradas e, de tempos em tempos, águas movidas. É no girar da água que se produz eletricidade. Águas calmas produzem bons filósofos, mas apenas as tormentosas, bons marinheiros. E não queira segurança demais, pois já foi dito também: "Os navios ficam seguros nos portos, mas não é para isso que foram feitos os navios".

E, se em algum momento você não souber o que fazer, ou precisar de paz extra, ou alguma cura, lembre-se de que ainda há a Água da Vida, Jesus Cristo, água que, quando se experimenta, nunca mais se tem sede. Foi nele que encontrei paz, seja nas águas paradas, seja nas águas agitadas. E você? Onde busca paz? Aproveite as águas paradas para refletir sobre isso.

Terminando, citarei outro provérbio chinês: "Das nuvens mais negras cai a água mais límpida e fecunda". Que estes tempos de tormenta que passamos produzam água boa. Só depende de você: aproveite o melhor da água que estiver parada, para buscar clareza e serenidade, e da água que gira, trazendo energia e eletricidade. Aprenda a transitar nesses mundos para ter paz e trabalho, pois precisamos de ambos para fazer a grande travessia do oceano dos dias.

NOTA DO AUTOR: Ao tempo da edição deste livro, as águas já voltam a se agitar, demandando de nós todos aprender com o que passou (reflexão que este livro ajuda a construir) e aprender a dosar os momentos de placidez e de ebulição das águas da vida. Escolhi este texto pois apenas aparentemente está já anacrônico. Não está. Continuamos precisando saber a hora e a quantidade de águas paradas, a coragem de nadar contra a correnteza, se preciso, e a hora de agitar as águas do "tanque de Betesda" para que os milagres que cabem aos homens possam se materializar.

METAMORFOSE

Zenice Mota Cardozo

Juíza de direito. Bacharel em Direito pela Universidade Estadual de Ponta Grossa (UEPG) e em Ciências Contábeis pela Universidade Tuiuti do Paraná (TUIUTI). Especialista em Direito do Trabalho pelo Centro Universitário Autônomo do Brasil (UniBrasil), em Direito Processual Civil pelo Centro Universitário Internacional (Uninter) e em Direito Processual Penal pela Universidade Gama Filho. MBA em Gestão Pública (Uninter).

É chegada a hora de enfrentar a si mesmo, refletir, compreender quem sou eu na minha casa, no meu trabalho, no Brasil, nesse mundo. Como cheguei a 2020 e como continuarei depois dele.

Pouco mais de meio século de existência buscando um lugar, buscando compreender quem sou, posicionar-se desse ou daquele lado, até compreender que há vários lados. Estar no terceiro, quarto ou oitavo lado é posicionar-se contra um dos lados que tentam se impor como únicas opções? Querer um pouco de cada lado, quem sabe?

Tempo, política, tecnologia, saúde, as mudanças são inevitáveis, sucesso e fracasso, ânimo e desânimo, alegria e tristeza, mudança e acomodação, certezas e incertezas. Personalidades de referência foram tornando-se decepção e vergonha. Perdi o referencial de quem admirar, passando a uma busca mental incessante de querer acreditar no ideal, na existência de pessoas que queiram o bem comum. Essas antíteses permeiam meu ser até aqui, e por que deixaria de ser assim? Desesperança? Esperança? Será que isso é só comigo?

A medida que a consciência política vai aumentando em relação diretamente proporcional, a desesperança aparece. Mas a esperança deve logo reascender com a crença em outra personalidade ou instituição. Assim, continuei fazendo meu trabalho, lutando pelo êxito da minha família. Sempre fiz muitos planos, plano A, B, C, muitos, fazer planos me mantém viva e motivada, mas de repente o mundo amanheceu diferente, assustador, valores antes tão caros simplesmente foram relegados ao segundo plano, aliás deixei de ter planos. De repente, não pude mais estar com amigos, com a minha família. O trabalho, muitas vezes colocado em primeiro plano, foi-me retirado, impedida de entrar na pequena sala do prédio decadente no centro da cidade, era o fim da minha rotina diária. O tempo foi passando e a normalidade não retornou. A morte, antes distante, começava a avizinhar-se. Antes, acompanhava a morte de pessoas desconhecidas, depois pessoas conhecidas, o medo foi aumentando, a esperança, reduzida. A morte nos circundava. Eu que já tinha tido a experiência de perder o rumo, a esperança, a crença, e que ia aos poucos me recuperando, perdi minha mãe, cunhados, tios, amigos, em um período tão curto de tempo. Mal tínhamos o tempo para chorar por aquele que acabara de nos deixar, quando perdíamos outro ente querido. Tempos difíceis, de medo, desesperança.

O Estado, como disse Norberto Bobbio, nosso grande "polvo com tantos tentáculos" capaz de resolver todos os problemas, mostrava-se perdido, fraco, incapaz de reagir. Período em que mais do que nunca a reflexão é nosso dia a dia. Será mesmo que serei um ser humano melhor, uma mãe, uma esposa e uma profissional melhor? Começou-se a propagar que sairemos mais fraternos, mais solidários, e isso de alguma forma acalentava meu coração. As redes sociais ao ponto em que se mostravam solidárias, eram implacáveis e desumanas, com o erro ou com a opinião expressada. Meu mundo tornou-se ainda mais digital, agora sou obrigada a ter opinião "formada sobre tudo" e sobre todos, mas as minhas incertezas hoje são ainda maiores que as certezas.

Aos poucos o trabalho modificou-se, a forma de nos relacionarmos também e comecei a me acostumar ao novo normal, ainda com angústia e medo. Eis que um filete de luz começa a surgir, nosso polvo gigante, com movimentos lentos e incertos começa a se mover, lentamente, não inspirando confiança, mas começa a mover-se. Começamos a ter esperanças, traçar planos, reencontrar a família e amigos. Entre as minhas incertezas, estou certa de que a transformação social, pessoal e política é necessária. De que adianta ter opiniões formadas sobre tudo, se não compreender a solidariedade, a fraternidade e o amor ao próximo. Como diria Raul Seixas, se eu não souber o que é amor.

É chegada a hora de se reencontrar, de efetivamente ser "uma metamorfose ambulante", viver buscando a mudança, pessoal, ajudar a transformar vidas, com o trabalho, viver buscando ser solidária e fraterna. Fazer planos, planos, e novos planos. Recalcular a rota quando me perder, sem sofrimento, sabendo que o erro faz parte da minha transformação. É tempo de voltar a acreditar no ser humano e nas instituições. É tempo de alimentar, cuidar e fortalecer o nosso polvo. Jamais materializado em uma única pessoa, nosso polvo imaterial é que é capaz de salvar a todos, mesmo nos momentos mais difíceis. Momentos em que pensamos que estava derrotado, ainda que lentamente, sem forças, ele foi capaz de movimentar, trazer luz, distribuir esperança ao nosso coração. E a força do nosso polvo imaterial precisa da minha reação, da minha transformação diária e ambulante, em ser uma esposa, mãe, amiga e uma profissional melhor. Em saber que posso fazer mais pelo meu trabalho, por meus amigos e até por meus inimigos. Ser fraterno com amigos, vítimas, é fácil, difícil é ser fraterno com o inimigo, com o algoz. Mas a fraternidade é seletiva? É preciso ser agente de transformação daqueles que nos circundam, conhecidos ou desconhecidos, amigos ou inimigos.

Após sobreviver esse 2020, sinto-me convocada a ser agente de transformação, a primar ainda mais pela ética no meu trabalho. A buscar pela justiça, com solidariedade, fraternidade, ciência e ética. Compreender que o individualismo é perigoso, a prova disso é que sobrevivemos com o coletivo, com o trabalho de outras pessoas que se dedicaram incansavelmente para evitar que fôssemos aniquilados. Valorizar e incentivar a pesquisa, compreender que a ciência é capaz de resolver problemas que pareciam insolúveis, que nós, seres humanos, juntos, formamos o nosso grande polvo imaterial. Somos capazes de muito, se imbuídos um ideal de bem comum, de fraternidade. "Se te odiei ontem", que hoje eu "lhe tenha amor", que não tenhamos mais "horror", apenas amor. Que abandonemos nossas velhas opiniões formadas, para construirmos novas opiniões, opiniões fraternas e solidárias.

É chegada a hora de um novo tempo, de recomeçar, de me reinventar como pessoa, de compreender a valorizar o sair de casa diariamente para o trabalho, ou apenas para um passeio. Novos planos, A, B, ou C. Aprender a andar de bicicleta e me preocupar menos com os cabelos brancos que insistem em se proliferar, envolver-me mais com causas sociais, e sobretudo aprender e entender o que é o amor. Amar a família, o trabalho, o nosso país. Descruzar os braços e fazer mais e melhor, reinventar-se a cada dia, valorizar pequenas ações e gestos, olhar para trás com saudade e alívio, aprender com os erros, fazer diferente, seguir em frente com esperança. Voltar a acreditar que tudo que passamos foi para que nos tornemos uma nação forte, próspera e ética, fazer a nossa parte para que nossas instituições voltem a ser respeitadas. Que possamos nos orgulhar do nosso país, das nossas conquistas, do legado que deixaremos para nossos netos e que possamos viver com esperança desse mundo melhor, desse Brasil ético e próspero que tanto desejamos.

- editoraletramento
- editoraletramento
- grupoletramento
- editoraletramento.com.br
- company/grupoeditorialletramento
- contato@editoraletramento.com.br

- casadodireito.com
- casadodireitoed
- casadodireito

Grupo Editorial LETRAMENTO